LA COMTESSE
DE SALISBURY

PAR

ALEXANDRE DUMAS.

Deuxième Édition.

I

PARIS
ALEXANDRE CADOT ÉDITEUR,
32, RUE DE LA HARPE.

1848

LA COMTESSE DE SALISBURY.

Ouvrages d'ALEXANDRE DUMAS, terminés.

LES DEUX DIANE,
10 volumes in-8.
Ce roman n'a pas paru dans les journaux.

LE CHEVALIER DE MAISON-ROUGE,
6 volumes in-8.

LE BATARD DE MAULÉON,
9 volumes in-8.

UNE FILLE DU RÉGENT,
4 volumes in-8.

LES QUARANTE-CINQ,
Complément de la REINE MARGOT et de la DAME DE MONSOREAU,
10 volumes in-8.

Mémoires d'un Médecin,
20 volumes in-8.

La Comtesse de Salisbury.
6 volumes in-8.

SOUS PRESSE:
LE CHATEAU DE BLOIS.

LE PEUPLE.

Impr. de E. Dépée, à Sceaux (Seine).

LA COMTESSE
DE SALISBURY

PAR

ALEXANDRE DUMAS.

Deuxième Édition.

I

PARIS
ALEXANDRE CADOT ÉDITEUR,
52, RUE DE LA HARPE.
—
1848

INTRODUCTION.

L'histoire de France, grâce à MM. Mézeray, Velly et Anquetil, a acquis une telle réputation d'ennui, qu'elle en peut disputer le prix avec avantage à toutes les histoires du monde connu : aussi le roman historique fut-il chose complètement étrangère à notre littérature jusqu'au moment où nous arrivèrent les chefs-d'œuvre de Walter Scott. Je dis étrangère, car je ne présume pas que l'on prenne sérieusement pour romans historiques *le Siège de La Rochelle,* de madame de Genlis, et *Mathilde, ou les Croisades,* de madame Cottin. Jusqu'à cette époque nous ne connaissions donc réellement que le roman pastoral, le roman de mœurs, le roman d'alcôve, le roman de chevalerie, le roman de passion, et le roman sentimental. L'*Astrée, Gil Blas, le Sofa, le petit Jehan de Saintré, Manon Lescaut* et *Amélie Mansfield* furent les chefs-d'œuvre de chacun de ces genres.

Il en advint que notre étonnement fut grand en France lorsque, après avoir lu *Ivanhoe, le Château de Kenilworth, Richard en Palestine,* nous fûmes forcés de reconnaître la supériorité de ces romans sur les nôtres. C'est que Walter Scott aux qualités instinctives de ses prédécesseurs joignait les connaissances acquises, à l'étude du cœur des hommes la science de l'histoire des peuples ; c'est que, doué d'une curiosité archéologique, d'un coup d'œil exact, d'une puissance vivifiante, son génie résurrectionnel évoque toute une époque, avec ses mœurs, ses intérêts, ses passions, depuis Gurth le gardien de pourceaux jusqu'à Richard le chevalier noir, depuis Michaël Lambourn le spadassin jusqu'à Élisabeth la reine régicide, depuis le chevalier du Léopard jusqu'à Salah-Eddin le royal médecin ; c'est que sous sa plume enfin hommes et choses reprennent vie et place à la date où ils ont existé, que le lecteur se trouve insensiblement transporté au milieu d'un monde complet, dans toutes les harmonies de son échelle sociale, et qu'il se demande s'il n'est pas descendu, par quelque escalier magique, dans un de ces univers souterrains comme on en trouve dans *les Mille et une Nuits*.

Mais nous ne nous rendîmes point ainsi tout d'abord, et nous crûmes longtemps que cet intérêt inconnu que nous trouvions dans les romans de Walter Scott tenait à ce que l'histoire d'Angleterre offrait par ses évènements plus de variété que la nôtre. Nous préférions attribuer la supériorité que nous ne pouvions nier à l'enchaînement des choses plutôt qu'au génie de l'homme. Cela consolait notre amour-propre, et mettait Dieu de moitié dans notre défaite. Nous étions encore retranchés derrière cet argument, nous y défendant, du moins mal qu'il nous était possible, lorsque *Quentin Durward* parut et battit en brèche le rempart de nos paresseuses excuses. Il fallut dès-lors convenir que notre histoire avait aussi ses pages romanesques et poétiques ; et, pour comble d'humiliation, un Anglais les avait lues avant nous, et nous ne les connaissions encore que traduites d'une langue étrangère.

Nous avons le défaut d'être vaniteux ; mais en échange nous avons le bonheur de ne pas être entêté : vaincu, nous avouons franchement notre défaite, par la certitude que nous avons de rattraper quelque jour la victoire. Notre jeunesse, que les circonstances graves de nos derniers temps avaient préparée à des études sérieuses, se mit ardemment à l'œuvre ; chacun s'enfonça dans la mine historique de nos bibliothèques, cherchant le filon qui lui paraissait le plus riche : Buchon, Thierry, Barante, Sismondi et Guizot en revinrent avec des trésors qu'ils déposèrent généreusement sur nos places publiques, afin que chacun pût y puiser.

Aussitôt la foule se précipita sur le minerai, et pendant quelques années il y eut un grand gaspillage de pourpoints, de chaperons et de poulaines; un grand bruit d'armures, de heaumes et de dagues ; une grande confusion entre la langue d'Oil et la langue d'Oc : enfin du creuset de nos alchimistes modernes sortirent *Cinq-Mars* et *Notre-Dame de Paris,* deux lingots d'or pour un monceau de cendres.

Cependant les autres tentatives, tout incomplètes qu'elles étaient, produisirent du moins un résultat, ce fut de donner le goût de notre histoire : mauvais, médiocre ou bon, tout ce qui fut écrit sur ce sujet fut à peu près lu, et, lorsqu'on connut les noms de nos chroniqueurs, on se figura que l'on connaissait aussi leurs chroniques. Chacun alors passa de la science de l'histoire générale au désir de connaître l'histoire privée : cette disposition d'esprit fut habilement remarquée par les Ouvrard littéraires : il se fit aussitôt une immense commande de mémoires inédits; chaque époque eut son Brantôme, sa Motteville et son Saint-Simon : tout cela se vendit jusqu'au dernier exemplaire; il n'y eut que les Mémoires de Napoléon qui s'écoulèrent difficilement, ils arrivaient après la Contemporaine.

L'école positive cria que tout cela était un grand malheur ; qu'on n'apprenait rien de réel ni de solide dans les romans historiques et avec les mémoires apocryphes; que c'étaient des branches fausses et bâtardes qui n'appartenaient à aucun genre de littérature, et que ce qui restait de ces rapsodies dans la tête de ceux qui les avaient lues, ne servait qu'à leur donner une fausse idée des hommes et des choses, en les leur faisant envisager sous un faux point de vue; que d'ailleurs l'intérêt dans ces sortes de productions était toujours absorbé par le personnage d'imagination, et que, par conséquent, c'était la partie romanesque qui laissait le plus de souvenirs. On leur opposa Walter Scott, qui certes a plus appris à ses compatriotes de faits historiques avec ses romans que Hume,

Robertson et Lingard avec leurs histoires : ils répondirent que cela était vrai, mais que nous n'avons rien fait qui pût se comparer à ce qu'avait fait Walter Scott; et sur ce point ils avaient raison : en conséquence, ils renvoyaient impitoyablement aux chroniques mêmes; et sur ce point ils avaient tort.

A moins d'une étude particulière de langue, que tout le monde n'a pas le temps de faire, et qui cause une fatigue que les hommes spéciaux ont seuls le courage de supporter, nos chroniques sont assez difficiles à lire depuis Villehardouin jusqu'à Joinville, c'est-à-dire depuis la fin du douzième siècle jusqu'à la fin du quatorzième ; et cependant dans cet intervalle sont compris les règnes les plus importants de notre troisième race monarchique. C'est l'époque où le monde chrétien de saint Louis succède au monde païen de Charlemagne ; la civilisation romaine s'efface, la civilisation française commence ; la féodalité a remplacé la cheftainerie ; la langue se forme à la rive droite de la Loire ; l'art revient d'Orient avec les croisés ; les basiliques croulent, les cathédrales s'élèvent ; les femmes marquent dans la société les places qu'elles y occuperont un jour; le peuple ouvre les yeux à la lumière politique ; les parlements s'établissent, les écoles se fondent ; un roi déclare que, puisqu'ils sont Francs de nom, les Français doivent naître francs de corps. Le salaire succède au servage, la science s'allume, le théâtre prend naissance, les états européens se constituent; l'Angleterre et la France se séparent, les ordres chevaleresques sont créés, les routiers se dispersent, les armées s'organisent, l'étranger disparaît du sol national, les grands fiefs et les petites royautés se réunissent à la couronne; enfin le grand arbre de la féodalité, après avoir porté tous ses fruits, tombe sous la hache de Louis XI, le bûcheron royal : c'est, comme on le voit, le baptême de la France, qui perd son vieux nom de Gaule; c'est l'enfance de l'ère dont nous sommes l'âge mûr; c'est le chaos d'où sort notre monde.

Il y a plus, c'est que, si pittoresques que soient Froissart, Monstrelet et Juvénal des Ursins, qui remplissent à eux trois un autre intervalle de près de deux siècles, leurs chroniques sont plutôt des fragments réunis qu'une œuvre complète, des journaux quotidiens que des mémoires annuels ; point de fil conducteur que l'on puisse suivre dans ce labyrinthe, point de soleil qui pénètre dans ces vallées sombres, point de chemins tracés dans ces forêts vierges ; rien n'est centre : ni peuple, ni noblesse, ni royauté ; tout, au contraire, est divergent, et chaque ligne tend à un nouveau point du monde. On saute sans liaison de l'Angleterre en Espagne, de l'Espagne en Flandre, de la Flandre en Turquie. Les petits calculs sont si multipliés qu'ils cachent les grands intérêts, et que jamais on n'entrevoit dans cette nuit obscure la main lumineuse de Dieu tenant les rênes du monde et le poussant invariablement vers le progrès : ainsi donc l'homme superficiel qui lirait Froissart, Monstrelet et Juvénal des Ursins, n'en conserverait en mémoire que des anecdotes sans suite, des évènements sans résultats ou des catastrophes sans causes.

Le lecteur se trouve, par conséquent, enfermé entre l'histoire proprement dite, qui n'est qu'une compilation ennuyeuse de dates et de faits rattachés chronologiquement les uns aux autres ; entre le roman historique, qui, à moins d'être écrit avec le génie et la science de Walter Scott, n'est qu'une lanterne magique sans lumière, sans couleur et sans portée, et enfin entre les chroniques originales, source certaine, profonde et intarissable, mais d'où l'eau sort si troublée qu'il est presque impossible à des yeux inhabiles de voir le fond à travers des flots.

Comme nous avons toujours eu le désir de consacrer une part de notre vie d'artiste à des productions historiques (ce n'est point de nos drames qu'il est question ici), nous nous sommes enfermé nous-même dans ce triangle, et nous avons songé logiquement au moyen d'en sortir en laissant la porte ouverte derrière nous : après avoir étudié l'un après l'autre la chronique, l'histoire et le roman historique, après avoir bien reconnu que la chronique ne peut être considérée que comme source où l'on doit puiser, nous avons espéré qu'il restait une place à prendre entre ces hommes qui n'ont point assez d'imagination et ces hommes qui en ont trop ; nous nous sommes convaincus que les dates et les faits chronologiques ne manquaient d'intérêt que parce qu'aucune chaîne vitale ne les unissait entre eux, et que le cadavre de l'histoire ne nous paraissait si repoussant que parce que ceux qui l'avaient préparé avaient commencé par en extraire le sang, puis par enlever les chairs nécessaires à la ressemblance, les muscles nécessaires au mouvement, enfin les organes nécessaires à la vie ; ce qui en avait fait un squelette sans cœur.

D'un autre côté, le roman historique, n'ayant pas la puissance de résurrection, s'était borné à des essais galvaniques ; il avait affublé le cadavre d'habits à sa guise, et se contentant de l'exactitude convenue chez Babin et chez Sanctus, lui avait teint les sourcils, peint les lèvres, étendu du rouge sur les joues, et, le plaçant en contact avec la pile de

Volta, lui avait fait faire deux ou trois soubresauts grotesques, qui lui avaient donné l'apparence de la vie. Ceux-là étaient tombés dans un excès contraire : au lieu de faire de l'histoire un squelette sans cœur, ils en avaient fait un mannequin sans squelette.

La grande difficulté, selon nous est de se garder de ces deux fautes, dont la première, nous l'avons dit, fut de maigrir le passé comme l'a fait l'histoire, et la seconde de défigurer l'histoire comme l'a fait le roman. Le seul moyen de la vaincre serait donc, selon nous, aussitôt qu'on a fait choix d'une époque, de bien étudier les intérêts divers qui s'y agitent entre le peuple, la noblesse et la royauté ; de choisir parmi les personnages principaux de ces trois ordres ceux qui ont pris une part active aux évènements accomplis pendant la durée de l'œuvre que l'on exécute ; de rechercher minutieusement quels étaient l'aspect, le caractère et le tempérament de ces personnages, afin qu'en les faisant vivre, parler et agir dans cette triple unité, on puisse développer chez eux les passions qui ont amené ces catastrophes désignées au catalogue des siècles par des dates et des faits auxquels on ne peut s'intéresser qu'en montrant la manière vitale dont ils ont pris place dans la chronologie.

Celui qui accomplirait ces conditions aurait donc évité ces deux écueils, puisque la vérité, tout en retrouvant un corps et une âme, serait rigoureusement observée, et puisqu'aucun personnage d'imagination ne viendrait se mêler aux personnages réels, qui accompliraient entre eux seuls le drame et l'histoire.

L'art ne serait alors employé qu'à suivre le fil qui, en serpentant dans le triple étage de la société, enchaîne les évènements les uns aux autres, et l'imagination n'aurait d'autre office que celui de dégager de toute vapeur étrangère l'atmosphère dans laquelle ces évènements se sont accomplis, afin que le lecteur, parti du commencement d'un règne et arrivé à sa fin, puisse en se retournant embrasser d'un coup d'œil tout l'espace parcouru entre les deux horizons.

Je sais bien que la tâche sera plus rude comme travail et moins rétribuée comme gloire, puisque la fantaisie n'aura plus rien à faire dans une pareille œuvre, et que toutes ses créations appartiendront à Dieu. Quant à ce qu'on pourrait perdre en intérêt, on le regagnera, nous en sommes certain, en réalité puisque l'on sera bien convaincu que ce ne sont point des êtres fictifs dont on suivra les traces depuis leur naissance jusqu'à leur mort, à traver, leurs amours ou leurs haines, leur honte ou leur gloire, leurs joies ou leurs douleurs.

Au reste, cette tâche est celle que nous nous étions imposée il y a quatre ans lorsque nous publiâmes, pour servir de base à ce système, cette longue préface intitulée *Gaule et France,* qui contenait les faits les plus importants de notre histoire, depuis l'établissement des Germains dans les Gaules jusqu'aux divisions amenées entre la France et l'Angleterre par la mort de Charles-le-Bel. Aujourd'hui, nous reprenons notre récit où nous l'avons laissé alors ; nous substituons la forme de la chronique à celle de l'annale, et nous abandonnons la concision chronologique pour le développement pittoresque.

Complétons notre pensée par un apologue oriental qui nous revient à la mémoire.

Lorsque Dieu eut créé la terre, il eut

l'idée, au grand dépit de Satan, qui l'avait regardé faire et qui la croyait déjà à lui, de donner un maître à la création : il forma donc l'homme à son image, lui transmit la vie en lui touchant le front du bout du doigt, lui montra l'Éden qu'il habitait, lui nomma les animaux qui devaient lui être soumis, lui indiqua les fruits dont il pouvait se nourrir ; puis s'envola pour aller semer ces milliers de mondes qui roulent dans l'espace. A peine eut-il disparu que Satan entra pour voir l'homme de plus près ; l'homme, fatigué de sa création, s'était endormi.

Alors Satan l'examina dans tous ses détails avec une attention haineuse, que la perfection de ses formes et leur harmonie entre elles ne fit qu'augmenter encore ; cependant il ne pouvait lui faire aucun mal physique, car l'esprit de Dieu veillait sur lui : il allait donc s'éloigner, désespérant de posséder ce corps et de perdre cette âme, lorsqu'il s'avisa de frapper doucement sur l'homme avec son doigt ; arrivé à la poitrine, il entendit qu'elle sonnait le creux.

— Bon, dit Satan, il y a là un vide, j'y mettrai des passions.

Eh bien! c'est l'histoire des passions que Satan mit dans ces poitrines creuses que nous allons offrir à nos lecteurs.

LE VOEU DU HÉRON.

I

Le 25 septembre 1358, à cinq heures moins un quart du soir, la grande salle du palais de Westminster n'était encore éclairée que par quatre torches, maintenues par des poignées de fer scellées aux angles des murs, et dont la lueur incertaine et tremblante avait grand'peine à dissiper l'obscurité causée par la diminution des jours, si sensible déjà vers la fin de l'été et le commencement de l'automne. Cependant cette lumière était suffisante pour guider dans les préparatifs du souper les gens du château, qu'on voyait, au milieu de cette demi-teinte, s'empresser de couvrir des mets et des vins les plus recherchés de cette époque une longue table étagée à trois hauteurs différentes, afin que chacun des convives pût s'y asseoir à la place que lui assignait sa naissance ou son rang. Lorsque ces préparatifs furent achevés, le maître-d'hôtel entra gravement par une porte latérale, fit avec lenteur le tour du service pour s'assurer que chaque chose était à sa place ; puis, l'inspection finie, il s'arrêta devant un valet qui attendait ses ordres près de la grande porte, et lui dit avec la dignité d'un homme qui connaît l'importance de ses fonctions : — Tout va bien, *cornez l'eau**.

Le valet approcha de ses lèvres une petite trompe d'ivoire qu'il portait suspendue en bandoulière, et en tira trois

---

* On appelait *corner l'eau* donner le signal du dîner, parce que les convives se lavaient les mains avant de se mettre à table.

sons prolongés; aussitôt la porte s'ouvrit, cinquante varlets entrèrent à la suite les uns des autres, tenant des torches à la main, et, se séparant en deux bandes qui s'étendaient sur toute la longueur de la salle, se rangèrent le long du mur; cinquante pages les suivirent, portant des aiguières et des bassins d'argent, et se placèrent sur la même ligne que les varlets; puis enfin, derrière eux, deux hérauts parurent, tirèrent chacun à soi la tapisserie blasonnée qui servait de portière, et se tinrent debout de chaque côté de l'entrée en criant à voix haute :

— Place à monseigneur le roi et à madame la reine d'Angleterre !

Au même instant le roi Édouard II parut en donnant la main à madame Philippe de Hainaut, sa femme : ils étaient suivis des chevaliers et des dames les plus renommés de la cour d'Angleterre, qui était à cette époque une des plus riches du monde en noblesse, en vaillance et en beauté. Sur le seuil de la salle le roi et la reine se séparèrent, passant chacun d'un côté de la table et gagnant le bout le plus élevé. Ils furent suivis dans cette espèce de manœuvre par tous les convives, qui, arrivés à la place qui leur était destinée, se retournèrent chacun vers le page attaché à son service : celui-ci versa l'eau de l'aiguière dans le bassin, et présenta à laver aux chevaliers et aux dames. Cette cérémonie préparatoire achevée, les convives passèrent sur les bancs qui entouraient la table, les pages allèrent replacer l'argenterie sur les magnifiques dressoirs où ils l'avaient prise, et revinrent attendre, debout et immobiles, les ordres de leurs maîtres.

Édouard était tellement absorbé dans ses pensées que le premier service fut enlevé avant qu'il s'aperçut que la place la plus proche de sa gauche était restée vacante, et qu'il manquait un convive à son festin royal. Cependant, après un instant de silence que personne n'osa interrompre, soit qu'ils errassent au hasard, soit qu'ils cherchassent où se fixer, ses yeux parcoururent cette longue file de chevaliers et de dames étincelantes d'or et de pierreries sous la lumière ruisselante de cinquante torches, s'arrêtèrent un instant, avec une expression indéfinissable de désirs amoureux, sur la belle Alix de Granfton, assise entre son père, le comte d'Erby, et son chevalier, Pierre de Montaigu, auquel, en récompense de ses bons et loyaux services, le roi venait de donner la comté de Salisbury, et finirent enfin par se fixer avec surprise sur cette place si proche de lui que chacun se fût disputé l'honneur de la remplir, et qui cependant était restée vide. Cette vue changea sans doute l'ordre de pensées que suivait l'esprit d'Édouard : car il jeta sur toute l'assemblée un regard d'interrogation auquel personne ne répondit. Voyant donc qu'il fallait une demande directe pour obtenir une explication précise, il se tourna vers un jeune et noble chevalier du pays de Hainaut, qui tranchait devant la reine :

— Messire Gauthier de Mauny, lui dit-il, sauriez-vous, par hasard, quelle importante affaire nous prive aujourd'hui de la présence de notre hôte et cousin le comte Robert d'Artois? Serait-il rentré dans la grâce de notre oncle, le roi Philippe de France, et aurait-il été si pressé de quitter notre île qu'il ait oublié de nous faire sa visite d'adieu?

— Je présume, Sire, répondit Gauthier de Mauny, que monseigneur le comte Robert n'aurait pas oublié si promptement que le roi Édouard a eu la générosité de lui donner un asile que, par la crainte du roi Philippe, lui avaient refusé les comtes d'Auvergne et de Flandre.

— Je n'ai cependant fait que ce que je devais, Gauthier : le comte Robert est de lignée royale puisqu'il descend du roi Louis VIII, et c'était bien le moins que je le recueillisse. D'ailleurs, le mérite de l'hospitalité est moins grand de ma part qu'il ne l'eût été de celle des princes que vous venez de citer. L'Angleterre est, par la grâce du ciel, une île plus difficile à conquérir que les montagnes de l'Auvergne et les marais de Flandre, et peut braver impunément la colère de notre suzerain, le roi Philippe. Mais n'importe, je n'en tiens pas moins à savoir ce qu'est devenu notre hôte. En avez-vous appris quelque nouvelle, Salisbury ?

— Pardon, Sire, répondit le comte ;

mais vous me demandez une chose à laquelle je ne saurais faire une réponse convenable. Depuis quelque temps mes yeux sont tellement éblouis par la splendeur d'un seul visage, mes oreilles sont tellement attentives à la mélodie d'une seule voix, que le comte Robert, tout petit-fils de roi qu'il est, fût-il passé devant moi en me disant lui-même où il allait, je ne l'aurais probablement ni vu ni entendu. Mais attendez, Sire ; car voici un jeune bachelier * qui se penche sur mon épaule, et qui a probablement quelque chose à me dire à ce sujet.

* On appelait ainsi les fils de famille qui possédaient moins de quatre bachelles de terre.

En effet, Guillaume de Montaigu, neveu de Salisbury, derrière lequel il se tenait debout, s'inclinait et lui disait en ce moment quelques mots à l'oreille.

— Eh bien ? dit le roi.

— Je ne m'étais pas trompé, continua Salisbury ; Guillaume l'a rencontré ce matin.

— Et où cela, dit le roi en adressant directement la parole au jeune bachelier.

— Sur les bords de la Tamise, Sire ;

il descendait vers Greenwich, et sans doute allait-il à la chasse, car il portait sur son gant le plus joli faucon muscadin qui ait jamais été dressé pour le vol de l'alouette?

— A quelle heure cela? dit le roi.

— Vers tierce, Sire.

— Et qu'alliez-vous faire de si bon matin sur les bords de la Tamise? dit d'une voix douce la belle Alix.

— Rêver, repondit en soupirant le jeune homme.

— Oui, oui, dit en riant Salisbury ; il paraît que Guillaume n'est pas heureux dans ses amours, car depuis quelque temps je lui vois tous les symptômes d'une passion sans espoir.

— Mon oncle! dit Guillaume en rougissant.

— Vraiment! s'écria avec une curieuse naïveté la belle Alix; si cela est, je veux devenir votre confidente.

—Prenez pitié de moi au lieu de me railler, madame, murmura d'une voix étouffée Guillaume, qui fit en même temps un pas en arrière et porta la main à ses yeux pour cacher deux grosses larmes qui tremblaient au bord de sa paupière.

— Pauvre enfant! dit Alix; mais il paraît que c'est chose sérieuse.

— Des plus sérieuses, répondit avec une gravité apparente le comte de Salisbury; mais c'est un bachelier discret que Guillaume, et je vous préviens que vous ne saurez son secret que lorsque vous serez sa tante.

— Alix rougit à son tour.

— Alors tout s'explique, dit le roi : la chasse l'aura emporté jusqu'à Gravesend, et nous ne le reverrons que demain à déjeuner.

—Je crois que votre Altesse se trompe, dit le comte Jean de Hainaut; car j'entends dans l'antichambre quelque chose comme un bruit de voix qui pourrait bien annoncer son retour.

— Il sera le bienvenu, répondit le roi.

Au même instant la porte de la salle à manger s'ouvrit à deux battants et le comte Robert, magnifiquement vêtu, entra dans la salle suivi de deux ménestrels jouant de la viole; derrière eux marchaient deux jeunes filles nobles portant sur un plat d'argent un héron rôti auquel on avait laissé, afin qu'il fût plus facile à reconnaître, son long bec et ses longues pattes; enfin, derrière les jeunes filles, venait, sautant et grimaçant, un jongleur qui accompagnait les ménestrels en frappant sur un tambour de basque.

Robert d'Artois commença lentement le tour de la table, suivi de ce singulier cortège, et, s'arrêtant près du roi, qui le regardait avec étonnement, il fit signe aux deux jeunes filles de déposer le héron devant lui.

Édouard bondit plutôt qu'il ne se leva, et, se retournant vers Robert d'Artois, il le regarda avec des yeux étincelants de colère; mais voyant que son regard ne pouvait faire baisser celui du comte :

— Qu'est-ce à dire, notre hôte? s'écria-t-il d'une voix tremblante; est-ce ainsi que se paie en France l'hospitalité? et un misérable héron, dont mes faucons et mes chiens méprisent la chair, est-il gibier royal que l'on puisse servir devant nous ?

— Écoutez, Sire, dit le comte Robert d'une voix calme et forte : il m'est venu en tête, lorsque mon faucon a pris aujourd'hui cette bête, que le héron était le plus lâche des oiseaux, puisqu'il a peur de son ombre, et que, lorsqu'il la voit marcher près de lui au soleil, il crie et pleure comme s'il était en danger de mort ; alors j'ai pensé que le plus lâche des oiseaux devait être servi au plus lâche des rois !

Édouard porta la main à son poignard.

— Or, le plus lâche des rois, continua Robert sans paraître remarquer ce geste, n'est-ce pas Édouard d'Angleterre, héritier par sa mère Isabelle du royaume de France, et qui cependant n'a pas le courage de le reprendre à Philippe de Valois, qui le lui a volé?

Un silence terrible succéda à ces mots. Chacun s'était levé, connaissant la violence du roi, et tous les yeux étaient fixés sur ces deux hommes, dont l'un venait de dire à l'autre de si mortelles paroles. Cependant toutes les prévisions furent trompées : le visage d'Édouard reprit peu à peu l'apparence du calme; il secoua la tête comme pour faire tomber de ses joues la rougeur qui les couvrait; puis, posant lentement sa main sur l'épaule de Robert :

— Vous avez raison, comte, lui dit-il d'une voix sourde; j'avais oublié que j'étais petit-fils de Charles IV de France : vous m'en faites souvenir, merci; et, quoique le motif qui vous pousse soit plutôt votre haine pour Philippe, qui vous a banni, que votre reconnaissance pour moi, qui vous ai reçu, je ne vous en suis pas moins obligé; car maintenant que, grâce à vous, cela m'est revenu à la pensée que j'étais le véritable roi de France, soyez tranquille, je ne l'oublierai pas; et, comme preuve, écoutez le vœu que je vais faire. Asseyez-vous, mes nobles seigneurs, et n'en perdez pas un mot, je vous prie.

Tout le monde obéit; Édouard et Robert restèrent seuls debout.

Alors le roi, étendant la main droite sur la table :

— Je jure, dit-il, par ce héron, chair de couard et de lâche, et que l'on a placé devant moi parce qu'il est le plus lâche et le plus couard des oiseaux, qu'avant six mois j'aurai passé la mer avec une armée et que j'aurai mis le pied sur la terre de France, soit que j'entre par le Hainaut, la Guienne ou la Normandie; je jure que je combattrai le roi Philippe partout où je le rencontrerai, toutefois que les hommes de ma suite ou de mon armée seront seulement un contre dix. Je jure enfin qu'avant six ans de ce jour j'aurai campé en vue du clocher de la noble église de Saint-Denis, où est enterré le corps de mon aïeul ; et je jure cela nonobstant le serment de vassalité que j'ai fait au roi Philippe à Amiens, et qui m'a été surpris comme à un enfant que j'étais. Ah ! comte Robert, vous voulez des batailles et des mêlées; eh bien! je vous promets que jamais ni Achille, ni Pâris, ni Hector, ni Alexandre de Macédoine, qui conquit tant de pays, n'aura fait sur sa route pareil ravage à celui que je ferai en France, à moins cependant qu'il ne plaise à Dieu, à monseigneur Jésus et à la bienheureuse vierge Marie de me faire mourir à la peine et avant l'accomplissement de mon vœu. J'ai dit. Maintenant enlevez le héron, comte, et venez vous asseoir près de moi.

— Pas encore, Sire, pas encore, répondit Robert : il faut que le héron fasse le tour de la table ; il y a peut-être bien ici quelque noble chevalier qui tiendra à honneur de joindre son vœu à celui du roi.

A ces mots, il ordonna aux deux jeunes filles de reprendre le plat d'argent, et se remit de nouveau en route, suivi par elles et par les ménestrels qui jouaient de la viole pendant que les jeunes filles chantaient une chanson de Guilbert de Berneville ; et, en jouant et en chantant ainsi, ils arrivèrent derrière le comte de Salisbury, qui était assis, comme nous l'avons dit, près de la belle Alix de Granfton. Alors Robert d'Artois s'arrêta, et fit signe aux jeunes filles de poser le héron devant le chevalier. Elles obéirent. — Beau chevalier, dit Robert, vous avez entendu ce qu'a dit le roi Édouard. Au nom du Christ, le roi du monde, je vous adjure de vouer à notre héron.

— Vous avez bien fait dit Salisbury, de m'adjurer par le saint nom de Jésus, car si vous l'eussiez fait au nom de la Vierge, je vous aurais refusé, ne sachant plus maintenant si elle est au ciel ou sur la terre, tant la dame qui me tient en son servage est fière, sage et belle. Jamais elle ne m'a dit encore qu'elle m'aimait, jamais elle ne m'a rien accordé, car jamais encore je n'ai osé la requérir d'amour. Eh bien! aujourd'hui, je la supplie de m'octroyer une faveur, c'est de poser son doigt sur un de mes yeux.

— Sur mon âme, dit tendrement Alix, une dame que requiert si respectueusement son chevalier ne saurait lui répondre par un refus. Vous avez demandé un de mes doigts, comte, je veux être prodigue envers vous : voici toute ma main. Salisbury la saisit et la baisa plusieurs fois avec transport, puis il la posa sur son visage de manière qu'elle lui couvrit entièrement l'œil droit. Alix souriait, ne comprenant rien à cette action. Salisbury s'en aperçut. — Croyez-vous cet œil bien fermé? lui dit-il. — Certainement, répondit-elle. — Eh bien! continua Salisbury, je jure de ne revoir le jour de cet œil que sur la terre de France ; je jure qu'avant cette heure-là ni vent, ni douleur, ni blessure ne me forceront de l'ouvrir, et que jusqu'à ce moment je combattrai l'œil clos en lice, tournoi ou bataille. Mon vœu est fait, advienne qu'advienne. A votre tour, n'en ferez-vous point un, madame ?

— Si fait, monseigneur, répondit Alix

en rougissant : je jure que le jour où vous reviendrez à Londres, après avoir touché la terre de France, je vous donnerai mon cœur et ma personne avec la même franchise que je vous ai donné aujourd'hui ma main ; et en gage de ce que je promets à cette heure, voici mon écharpe, pour vous aider à accomplir votre vœu.

Salisbury mit un genou en terre, et Alix lui noua sa ceinture autour du front, aux applaudissements de toute la table. Alors Robert fit enlever le héron de devant le comte et se remit en marche dans le même ordre et toujours suivi de ses ménestrels, de ses jeunes filles et de son jongleur : cette fois le cortège s'arrêta derrière Jean de Hainaut.

— Noble sire de Beaumont, dit Robert d'Artois, comme oncle du roi d'Angleterre et comme un des plus braves chevaliers de la chrétienté, ne ferez-vous pas aussi vœu sur mon héron d'accomplir quelque grande entreprise contre le royaume de France ?

— Si fait, frère, répondit Jean de Hainaut, car je suis banni comme vous, et cela pour avoir prêté secours à la reine Isabelle lorsqu'elle reconquit son royaume d'Angleterre. Je jure donc que, si le roi veut m'accepter pour son maréchal et passer par ma comté de Hainaut, je conduirai son armée sur les terres de France, ce que je ne ferais pour nul homme vivant. Mais si jamais le roi de France, mon seul et véritable suzerain, me rappelle et lève mon ban, je prie mon neveu Édouard de me rendre ma parole, que j'irai aussitôt lui redemander.

— C'est justice, dit Édouard en faisant un signe de la tête, car je sais que de terre et de cœur vous êtes plus Français qu'Anglais. Jurez donc en toute tranquillité ; car, sur ma couronne, le cas échéant, je vous relèverai de votre vœu. Comte Robert passez le héron à Gauthier de Mauny.

— Non pas, Sire, non pas, s'il vous plaît, dit le jeune chevalier ; car vous savez qu'on ne peut suivre deux vœux à la fois, et j'en ai déjà fait un : c'est celui de venger mon père, qui, vous le savez, est mort assassiné en Guienne, et de retrouver son meurtrier et son tombeau, afin de tuer l'un sur l'autre. Mais soyez tranquille, sire, le roi de France n'y perdra rien.

— Nous vous croyons, messire, et

nous aimons autant une promesse de vous qu'un serment d'un autre.

Pendant ce temps Robert d'Artois s'était approché de la reine, avait fait déposer le héron devant elle, avait mis un genou en terre et attendait en silence. La reine se tourna alors de son côté en riant :

— Que voulez-vous de moi, comte, lui dit-elle, et que venez-vous me demander? Vous savez qu'une femme ne peut vouer, puisqu'elle est en puissance d'un maître. Honnie soit donc celle qui, en pareille circonstance, oublierait ses devoirs au point de ne pas attendre la permission de son seigneur !

— Faites hardiment votre vœu, madame, dit Édouard, et je vous jure que de ma part il y aura toujours aide, et jamais empêchement.

— Eh bien! dit la reine, je ne vous avais pas encore dit que je fusse enceinte, car je craignais de me tromper. Mais voilà, mon cher seigneur, que je viens de sentir remuer mon enfant dans mon sein. Maintenant écoutez-moi donc; car, puisque vous m'avez autorisée à jurer, je jure par Notre-Seigneur, né de la Vierge, et qui est mort sur la croix, que je n'accoucherai que sur la terre de France ; et, si vous n'avez pas le courage de m'y conduire lorsque le temps de ma délivrance sera venu, je jure encore de me poignarder avec ce couteau, afin de tenir mon serment aux dépens de la vie de mon enfant et du salut de mon âme. Voyez, Sire, si vous êtes assez riche de lignée pour perdre à la fois votre femme et votre enfant.

— Personne ne votera plus, s'écria Édouard d'une voix altérée. Assez de serments comme cela, et que Dieu nous les pardonne.

— N'importe, dit Robert d'Artois en se relevant, j'espère qu'il y a, grâce à mon héron, plus de paroles engagées qu'il n'en faut à cette heure pour que le roi Philippe se repente éternellement de m'avoir chassé de France.

En ce moment la porte de la salle s'ouvrit, et un héraut s'approchant d'Édouard lui annonça qu'un messager venait d'arriver de la part de Jacques d'Artevelle, de Flandre.

II

Édouard réfléchit un instant avant de répondre ; puis, se tournant en riant vers les chevaliers qui venaient de vouer :

— Messieurs, leur dit-il, voici un allié qui nous arrive : il paraît que j'avais semé à temps et en bonne terre, car mon projet fleurit juste à son terme, et je puis prédire maintenant de quel côté nous entrerons en France. Sire de Beaumont vous serez notre maréchal.

— Cher seigneur, répondit Jean de Hainaut, peut-être feriez-vous mieux de vous en remettre à la seule noblesse du soin de décider une question de lignage ; tous ces vilains sont par trop intéressés à entretenir les guerres entre puissants. Quand la noblesse et la royauté se battent, le peuple hérite des dépouilles, et les loups des cadavres ; ces Flamands maudits n'ont-ils pas profité de nos luttes avec l'empire pour se soustraire à notre juridiction? et maintenant les voilà qui se dirigent eux-mêmes, comme si la comté de Flandre était une machine qui se puisse gouverner longtemps à la manière d'une manufacture de drap ou d'une brasserie de houblon.

— Bel oncle, reprit en souriant Édouard, vous êtes trop intéressé dans la question, en votre qualité de voisin, pour que nous nous en rapportions entièrement à vous de l'opinion que nous devons prendre sur les bonnes gens d'Ypres, de Bruges et de Gand ; d'ailleurs, s'ils ont profité de vos démêlés avec l'empire pour se soustraire à votre puissance, n'avez-vous pas, vous autres seigneurs, profité quelque peu aussi de l'interrègne pour échapper à celle de l'empire et bâtir les châteaux qu'ils vous ont brûlés ? ce qui vous met, si je ne me trompe, par rapport à Louis V de Bavière et à Frédéric III, à peu près dans la même situation où les communes de Flandre sont vis-à-vis de Louis de Cressy. Croyez-moi, Beaumont, ne prenons point parti pour un homme qui s'est laissé mener par je ne sais quel abbé de Vézelay, qui n'entendait rien en administration, et qui ne songeait qu'à s'enrichir aux dépens du peuple. Vous rappelez-vous cette moralité qui a été jouée devant nous avec grand triomphe, il y a de cela dix ans, par la corporation des barbiers de Chester? Non, car vous étiez, si je m'en souviens, retourné en Flandre avec vos gens, à la suite de cette grande querelle qui advint aux fêtes de la Trinité de 1527, entre les Hainuyers et les Anglais, dans notre cité d'York. Eh bien! cette moralité, quoique je n'eusse que quinze ans alors, m'a été d'un grand enseignement. Voulez-vous que je vous la raconte? — Chacun se retourna avec curiosité vers Édouard. — Eh bien! voici ce qu'elle représentait : Un homme et une femme de pauvre condition, après avoir été complètement dépouillés par les gens du roi, parce qu'ils n'avaient pu payer leur taxe, n'ont plus pour tout meuble qu'un vieux coffre sur lequel ils sont assis; ils se plaignent et se lamentent de se voir ainsi ruinés. En ce moment les gens du roi rentrent : ils se sont souvenus qu'il y avait encore dans la chaumière un vieux coffre, et qu'ils ont oublié de le prendre. Les vilains les supplient de leur laisser au moins ce bahut, qui leur servait à mettre du pain quand ils en avaient. Les gens du roi ne veulent entendre à rien, et les font lever malgré leurs prières et leurs larmes. Mais à peine ne pèsent-ils plus sur le coffre que le couvercle s'ouvre, et qu'il en sort trois diables qui emportent les gens du roi. Cela m'est resté en mémoire, bel oncle, et je donne toujours tort maintenant à ceux qui, après avoir tout pris à leurs vassaux, veulent encore leur enlever le coffre sur lequel ils pleurent. Dites au messager de notre ami Jacques d'Artevelle, dit le roi en se retournant et en s'adressant au héraut qui attendait sa réponse, que nous le recevrons demain à midi.

Quant à vous, mon oncle de Hainaut, et à vous, mon cousin Robert d'Artois, tenez-vous prêts à m'accompagner dans une demi-heure, nous avons une petite excursion de quatorze milles à faire cette nuit. Venez, Gauthier, ajouta le roi en se levant, j'ai quelque chose à vous dire.

A ces mots, Édouard prit le bras de Gauthier de Mauny, et sortit souriant et calme de cette salle où venait de se passer une de ces scènes qui décident en un instant de la vie d'un peuple et du destin d'un royaume ; puis, se faisant suivre seulement de deux porteurs de torches, il prit un corridor qui conduisait à ses appartements.

— Mon cher chevalier, dit Édouard en ralentissant le pas dès qu'il fut dans le passage, afin que les éclaireurs ne pussent pas entendre ses paroles, j'ai grande envie de vous rendre un mauvais service.

— Lequel, Sire? répondit Gauthier, s'apercevant tout d'abord, au ton du roi, qu'il était question d'une plaisanterie, et non d'une menace.

— J'ai envie... Diable!... je m'en repentirai peut-être; mais n'importe... j'ai envie de vous faire roi d'Angleterre.

— Moi ? s'écria de Mauny.

— Sois tranquille, continua Édouard en s'appuyant familièrement sur le bras de son favori : ce ne sera que pour une heure.

—Ah ! vous me rassurez, Sire, dit Mauny. Et maintenant expliquez-vous, ou plutôt ordonnez, car vous savez que je vous suis dévoué corps et âme.

— Oui, oui ; et c'est pour cela que je m'adresse à toi, et non à un autre. Écoute, je me doute de ce que me veut ce d'Artevelle de Flandre; et, comme je le tiens entre mes mains, je ne serais pas fâché d'en tirer le meilleur parti possible. Mais pour cela il est urgent que je fasse mes affaires moi-même. J'avais d'abord eu l'intention de t'envoyer près de lui et de recevoir le messager. Mais j'ai changé d'avis, c'est toi qui recevras l'ambassadeur, et c'est moi qui irai en Flandre.

— Comment, monseigneur, vous vous exposerez à traversez la mer, seul, sans suite? vous confierez votre personne royale à des bourgeois rebelles qui ont chassé leurs seigneurs?

— Qu'ai-je à craindre? Ils ne me connaissent pas; je me donnerai mes pleins-pouvoirs avant de partir, et, grâce à mon titre d'ambassadeur, je serai plus inviolable et plus sacré qu'avec mon titre de roi; d'ailleurs, on le dit rusé ce d'Artevelle. Je veux le voir de près, et savoir quel fond je puis faire sur sa parole. Ainsi c'est chose convenue, Gauthier, ajouta le roi en appuyant la main sur la clé de la porte; demain, à midi, prépare-toi à jouer ton rôle.

— N'avez-vous donc plus besoin de moi ce soir, cher Sire, et dois-je entrer avec vous ou me retirer?

— Retire-toi, Gauthier, répondit le roi en donnant à sa voix un accent bas et sombre; il y a dans cette chambre un homme qui m'attend et auquel il faut que je parle sans témoin; car nul autre que moi ne peut entendre ce qu'il va me dire, et, si mon meilleur ami était en tiers dans un pareil entretien, je n'oserais plus répondre de sa vie. Laisse-moi, Gauthier, laisse-moi, et souhaite que Dieu ne t'envoie jamais une nuit pareille à celle que je vais passer.

— Et pendant ce temps-là votre cour...

— Rit et s'amuse, c'est son occupation à elle; elle voit notre front se couvrir de rides, elle voit nos cheveux blanchir, et elle s'étonne que ses rois deviennent vieux si vite. Que veux-tu ! elle rit trop haut pour entendre ceux qui soupirent tout bas !...

— Sire, il y a quelque danger caché au fond de ce mystère; je ne vous quitterai pas.

— Aucun, je le jure.

— Cependant je vous ai entendu dire au sire de Beaumont et à monseigneur Robert d'Artois de se tenir prêts à vous accompagner.

— Nous allons faire une visite à ma mère.

—Mais, continua Gauthier en baissant la voix à son tour et en se rapprochant du roi, si c'était une de ces visites dans le genre de celle que nous lui fîmes au château de Nottingham lorsque nous pénétrâmes par un souterrain jusque dans sa chambre à coucher, et que nous y arrêtâmes Roger Mortimer, son favori ?

— Non, non, dit Édouard avec un léger mouvement d'impatience, que provoquait chez lui le souvenir des déportements de sa mère. Non, Gauthier, la reine est revenue de ses erreurs et se repent de ses fautes; erreurs et fautes que je lui ai fait expier trop rudement peut-être pour un fils, puisque depuis cette époque, et voilà dix longues années de cela, je la tins en prison dans une tour du château de Reding. Quant à un nouvel amant, je ne crois pas que la chose soit à craindre : le supplice de Mortimer, que j'ai fait traîner sur un bahut dans les rues de Londres, et à qui j'ai fait arracher tout vivant son cœur de traître, a prouvé que le titre de favori coûtait cher, et que c'était parfois une dignité dangereuse à remplir. C'est donc purement et simplement une visite de fils soumis et respectueux, et presque repentant, dirai-je; car il y a des moments où je doute que toutes les choses qu'on a dites sur cette femme, qui est ma mère, soient prouvées à ceux mêmes qui paraissent en douter le moins. Ainsi donc dors tranquille, mon bon Gauthier; rêve de tournois, de combats et d'amour, comme il appartient à un brave et beau chevalier, et laisse-moi rêver de trahison, d'adultère et de meurtre; ce sont des songes de roi.

Gauthier sentit qu'il ne pouvait sans indiscrétion insister plus longtemps; il prit en conséquence congé d'Édouard, qui ordonna à ses deux porteurs de torches de l'accompagner en l'éclairant.

Édouard suivit des yeux le jeune chevalier qui s'éloignait, le laissant dans l'obscurité; puis, lorsque la lumière eut disparu aux yeux du roi, celui-ci poussa un soupir, passa la main sur son front pour en essuyer la sueur, ouvrit la porte et entra.

Il y avait dans la chambre deux gardes, et, au milieu de ces deux gardes, un homme. Édouard marcha droit à lui, regarda avec une espèce de terreur sa figure pâle, qui paraissait plus pâle encore à la lueur de la seule lampe qui, posée sur une table, éclairait l'appartement, puis, lui adressant la parole d'une voix basse et presque tremblante :

— Est-ce vous qui êtes le chevalier de Mautravers ? lui dit-il.

— Oui, Sire, répondit le chevalier, ne me reconnaissez-vous pas ?

— Si fait, je me rappelle vous avoir vu une ou deux fois entrer chez ma mère pendant notre voyage en France. Puis, s'adressant aux deux gardes : Laissez-moi seul avec cet homme, ajouta-t-il. Les deux gardes se retirèrent.

Lorsqu'ils furent sortis, Édouard fixa encore quelques instants sur le chevalier un regard mêlé de curiosité et d'effroi ; puis enfin, se laissant tomber plutôt qu'il ne s'assit sur un fauteuil : — C'est donc vous, ajouta-t-il d'une voix sourde, qui avez assassiné mon père ?

— Vous m'avez promis la vie sauve, dit le chevalier, si je revenais en Angleterre ; j'ai eu confiance en votre parole royale, et j'ai quitté l'Allemagne, où je n'avais rien à craindre ; maintenant me voici désarmé dans votre palais, entre vos mains, et n'ayant pour défense contre le plus puissant roi de la chrétienté que le serment qu'il m'a fait.

— Soyez tranquille, dit Édouard, tout odieux et horrible à voir que vous m'êtes, il ne sera point dit que vous vous serez fié vainement à ma parole, et vous sortirez de ce palais aussi libre que si vous n'étiez pas couvert du sang d'un roi, et que si ce roi n'était pas mon père; mais cela à une condition, vous le savez.

— Je suis prêt à la remplir.

— Vous ne me cacherez rien ?

— Rien...

— Vous me remettrez toutes les preuves que vous avez, quelles que soient les personnes qu'elles compromettent?

— Je vous les remettrai...

— C'est bien, dit le roi en poussant un soupir; puis, après un instant de silence, appuyant ses coudes sur la table qui était devant lui, et laissant tomber sa tête entre ses deux mains : Vous pouvez commencer, dit-il, je vous écoute.

— Sans doute votre Altesse sait déjà une partie des choses que je vais lui dire.

— Vous vous trompez, répondit

Édouard sans changer d'attitude; un roi ne sait rien, car il est entouré de gens intéressés à lui cacher la vérité; voilà pourquoi j'ai choisi un homme qui a tout à espérer en me la disant.

— Et je puis d'autant mieux vous la dire que voilà vingt-sept ans bientôt que je suis entré au service de la reine votre mère. Je fus d'abord placé comme page auprès d'elle, puis ensuite je devins son secrétaire; et je l'ai toujours fidèlement servie comme page et comme secrétaire.

— Oui, murmura Édouard d'une voix si sourde, qu'à peine si on put l'entendre; oui, je sais que vous l'avez fidèlement, et trop fidèlement servie, comme page, comme secrétaire, et puis encore comme bourreau.

— A compter de quelle époque dois-je commencer, Sire?

— Du jour où vous entrâtes chez elle.

— Ce fut en 1512, un an avant votre naissance; il y avait quatre ans qu'elle avait été remise par le roi de France, qui l'accompagna jusqu'à Boulogne, aux royales mains de votre père; l'Angleterre la reçut comme un ange sauveur, car chacun espérait dans cette île que, jeune et belle comme elle l'était, son influence allait détruire, ou du moins balancer celle du ministre Gaveston, qui était... pardonnez-moi, Sire, de vous dire de pareilles choses, plus que le favori du roi !...

— Oui, oui, je sais cela, dit vivement Édouard : passez.

— On se trompa, ce fut Gaveston qui l'emporta sur la reine. Alors le dernier espoir de la noblesse s'évanouit ; et les barons, voyant qu'ils n'obtiendraient rien du roi votre père que par la force, prirent les armes contre lui, et ne les déposèrent que lorsqu'il leur eut livré Gaveston ; il passa de leurs mains dans celles du bourreau. Ce fut quelque temps après cette exécution que vous vîntes au monde, Sire ; on crut que, grâce au fils qu'elle lui avait donné, la reine allait reprendre quelque influence sur son époux. On se trompa : Hugues Spenser avait déjà succédé à Gaveston dans l'amitié de votre père. Vous avez pu voir encore ce jeune homme, Sire, et vous savez quelle était son arrogance. Bientôt il ne garda plus aucune mesure avec la reine : il la dépouilla de la comté de Cornouailles, qui lui avait été donnée en apanage pour ses dépenses personnelles; et votre mère désespérée me fit écrire au roi Charles-le-Bel, son frère, qu'elle n'était plus qu'une servante à gages dans le palais de son époux. Vers cette époque de grands démêlés s'élevèrent, à propos de la Guienne, entre la France et l'Angleterre. La reine offrit à son mari de traverser la mer, et de se faire médiatrice entre lui et le roi son frère; il y consentit facilement. La reine trouva votre oncle déjà prévenu par la lettre qu'elle lui avait écrite; elle lui conta tout ce qu'il ignorait encore. Alors il ne garda plus aucune mesure, et, cherchant un prétexte de guerre, il somma le roi

Édouard II de venir lui rendre hommage en personne, comme à son seigneur suzerain. Spenser sentit aussitôt qu'il était perdu de toute façon; perdu s'il accompagnait Édouard et s'il tombait aux mains du roi de France; perdu s'il restait en Angleterre pendant le voyage du roi, qui le livrait sans défense aux barons. Alors il proposa au roi un expédient qui devait le sauver, et qui cependant fut cause de sa chute : ce fut de vous céder la souveraineté de la Guienne, Monseigneur, et de vous envoyer prêter serment à la place du roi, votre père.

— Ah! interrompit Édouard, voilà donc pourquoi il commit cette faute, que je n'avais jamais comprise chez un si bon politique. Continuez, car je vois que vous dites la vérité...

— J'avais besoin de cet encouragement, Monseigneur ; car je suis arrivé à une époque...

Mautravers hésita.

— Oui, je sais ce que vous voulez dire : vous voulez parler de Roger de Mortimer. Je le trouvai près de ma mère en arrivant à Paris, et, tout enfant que j'étais, je m'aperçus de l'intimité qui régnait entre lui et la reine. Maintenant dites-moi, car c'est vous seul qui pouvez me dire cela, cette intimité avait-elle pris naissance à Paris, ou datait-elle d'Angleterre ?

— Elle datait d'Angleterre, et ce fut la véritable cause de l'exil de Roger.

— C'est bien, dit le roi, je vous écoute.

—Vous ne vous aperçûtes pas seul de cette intimité, Monseigneur, car l'évêque d'Exeter, qui vous avait amené à la reine, avertit à son retour à Londres le roi Édouard de ce qui se passait ; il écrivit à l'instant à la reine de revenir, et vous adressa directement une lettre pour vous inviter à quitter votre mère et à rentrer en Angleterre.

— Je ne l'ai jamais reçue, interrompit Édouard, et voilà la première fois que j'en entends parler, car mon père seul pouvait m'apprendre cette circonstance, et la reine ne me permit jamais de le visiter dans sa prison.

— Cette lettre fut soustraite par Mortimer.

— Le malheureux!... murmura Édouard.

— La reine répondit par un manifeste dans lequel elle disait qu'elle ne rentrerait en Angleterre que lorsque Hugues Spenser serait banni des conseils et de la présence du roi.

— Qui rédigea ce manifeste?

— Je ne sais; il me fut dicté par Mortimer, mais en présence de la reine et du comte de Kent. Il produisit à Londres l'effet qu'on pouvait en attendre:

les barons mécontents se rallièrent à la reine et à vous.

— A moi! à moi! mais l'on savait bien que je n'étais qu'un pauvre enfant, ignorant ce qui se passait, et dont on exploitait le nom ; car je veux que Dieu me punisse à l'instant si j'ai jamais conspiré contre mon père !

— Sur ces entrefaites, et comme le roi Charles-le-Bel préparait les secours d'argent et d'hommes qu'il avait promis à sa sœur, il vit arriver à sa cour Thibault de Châtillon, évêque de Saintes. Il était porteur de lettres de Jean XXII, qui occupait alors le saint-siége d'Avignon; elles avaient été écrites sans doute à l'instigation d'Hugues Spenser, car elles enjoignaient au roi Charles, sous peine d'excommunication, de renvoyer sa sœur et son neveu en Angleterre. Dès-lors votre oncle ne voulut plus non-seulement soutenir votre parti contre l'Eglise, mais encore il s'engagea formellement envers l'évêque de Saintes de remettre la reine et Votre Altesse entre les mains du favori de votre père. Mais la reine fut avertie à temps.

— Par le comte Robert d'Artois, n'est-ce pas? oui, je le sais. Lorsque, banni à son tour, il vint me demander l'hospitalité, ce fut le service qu'il fit principalement valoir près de moi.

— Il vous a dit vrai, Sire. La reine effrayée, ne savait à qui demander les secours que lui refusait son frère ; ce fut encore le comte Robert d'Artois qui lui conseilla de fuir vers l'empire ; il lui dit qu'elle trouverait là bon nombre de grands seigneurs braves et loyaux, et entre autres le comte Guillaume de Hainaut et le sire de Beaumont, son frère. La reine écouta cet avis, partit la même nuit et se dirigea vers le Hainaut.

— Oui, je me rappelle notre arrivée

en l'hôtel du chevalier Eustache d'Aubrecicourt, et comment nous fûmes grandement reçus par lui; si l'occasion s'en présente, je le lui rendrai. Ce fut chez lui que je vis le même soir, et pour la première fois, mon oncle Jean de Hainaut, qui vint offrir ses services à la reine, et nous conduisit chez son frère Guillaume, où je rencontrai sa fille Philippe, qui plus tard devait devenir ma femme. Passons rapidement sur tous ces détails, car je me rappelle comment nous partîmes du havre de Dordrecht, comment une tempête nous accueillit, qui jeta le vaisseau hors de sa route et nous poussa, le vendredi 26 septembre 1326, dans le port de Herewich ; les barons nous y joignirent bientôt, et je me rappelle même que le premier qui vint à nous fut le comte Henri de Lancastre, au cou tors ; oui, oui, je sais tout maintenant depuis notre entrée triomphale à Bristol jusqu'à l'arrestation de mon père, qui fut pris, si j'ai bonne mémoire, à l'abbaye de Neath, dans le comté de Galles, par ce même Henri de Lancastre ; seulement j'ignore s'il est vrai, comme on l'a dit, qu'il fut amené à ma mère.

— Non, Monseigneur ; on le conduisit directement au château de Kenilworth, qui lui appartenait, et l'on s'occupa de votre couronnement.

— Oh! je ne savais rien de tout cela alors; non, sur mon honneur, on m'avait tout laissé ignorer : on me disait que mon père était libre, qu'il renonçait par dégoût et par fatigue au trône d'Angleterre; et cependant je jurai de ne point l'accepter tant qu'il vivrait; alors on m'apporta son abdication en ma faveur, je reconnus la main qui l'avait tracée; je cédai comme à un ordre : je ne savais pas qu'il s'était évanoui deux fois en l'écrivant. Oui, encore une fois, j'ignorais tout, sur mon âme; tout, jusqu'à la décision du parlement qui déclarait mon pauvre père incapable de régner, et qui lui fut lue, m'a-t-on dit depuis, dans sa prison par cet audacieux Guillaume Trussel. On lui arracha sa couronne de la tête pour la poser sur la mienne, et l'on me dit qu'il me la donnait librement et volontairement comme à son fils bien-aimé, tandis qu'il me maudissait peut-être comme un traître et un usurpateur. Sang-Dieu!...... vous qui êtes resté longtemps près de lui, lui avez-vous jamais entendu dire quelque chose de pareil? Je vous adjure de me répondre comme vous répondriez à Dieu!

— Jamais, Sire, jamais ; au contraire, il se regardait comme heureux que le parlement, l'ayant déposé, vous eût élu à sa place.

— C'est bien ; et voilà des paroles qui m'allégent le cœur. Continuez.

— Vous n'étiez point encore majeur, Sire : on nomma un conseil de régence ; la reine en eut la présidence, et il gouverna sous sa direction.

—Oui, c'est alors qu'ils m'envoyèrent faire la guerre aux Écossais, qui me firent courir de montagne en montagne sans que je pusse les rejoindre; et lorsque je revins, on me dit que mon père était mort; maintenant je ne sais plus rien de ce qui s'était passé en mon absence. Je ne connais aucun des détails qui précèdent cette mort : dites-moi donc tout, car vous devez tout savoir, puisque c'est vous et Gurnay qui avez été chercher mon père à Kenilworth, et que vous ne l'avez plus quitté jusqu'à sa dernière heure.

Mautravers hésita un instant à répondre. Le roi le regarda, et voyant qu'il pâlissait encore et que la sueur lui coulait du front :

— Allons, allons, continua-t-il, parlez, vous savez bien que vous n'avez rien à craindre, puisque je vous ai donné ma parole. D'ailleurs Gurnay a payé pour vous et pour lui.

— Gurnay? dit en hésitant Mautravers.

— Eh! oui. Ne savez-vous point que je l'ai fait arrêter à Marseille, et que je n'ai pas même attendu qu'il fût arrivé en Angleterre pour le faire pendre comme un meurtrier et comme un chien?

— Non, Sire, je ne savais pas cela,

murmura Mautravers en s'appuyant contre le mur.

— Mais on n'a rien trouvé dans ses papiers, et alors j'ai pensé que c'était vous qui aviez gardé les ordres; car vous avez dû recevoir des ordres : l'idée de pareils crimes ne naît que dans la tête de ceux qui doivent profiter de leur exécution.

— Aussi en ai-je, Sire, et les ai-je conservés comme un dernier moyen de salut ou de vengeance.

— Vous les avez là sur vous?

—Oui, Sire.

— Et vous me les donnerez ?

— A l'instant.

— C'est bien.... Souvenez-vous que je vous ai fait offrir votre grâce à la condition que vous me direz tout : soyez donc tranquille, et dites-moi tout.

— A peine fûtes-vous parti avec votre armée, Sire, continua Mautravers d'une voix altérée encore, mais cependant plus calme, que nous fûmes choisis, Gurnay et moi, pour aller prendre votre père à Kenilworth. Nous y trouvâmes l'ordre de le conduire à Corff; il ne resta cependant que peu de jours dans ce château, d'où il fut transféré à Bristol, et de Bristol à Berkley, dans le comté de Gloucester. Arrivé là, on le remit sous la garde du châtelain ; mais nous n'en restâmes pas moins près de lui pour accomplir les instructions que nous avions reçues.

— Et ces instructions, quelles étaient-elles ? dit Edouard d'une voix qui s'altérait à son tour.

— De déterminer par les mauvais traitements que nous lui ferions endurer, le prisonnier à se tuer lui-même.

— Cet ordre était-il écrit? s'écria le roi.

— Non, cet ordre fut verbal.

— Prenez garde d'avancer de pareilles choses et de ne pouvoir me les prouver, Mautravers!...

— Vous m'avez demandé toute la vérité... je la dis.

— Et... qui donc... — Édouard hésita, — qui donc vous avait donné cet ordre?

— Roger Mortimer.

— Ah! fit Édouard comme un homme qui respire.

— Mais le roi supporta tout avec tant de douceur et de patience, que ce fut à nous quelquefois que ce courage fut près de manquer.

— Malheureux père! murmura Édouard.

— Enfin on apprit que Votre Altesse allait revenir; nos persécutions avaient conduit le prisonnier à la résignation au lieu de le pousser au désespoir : on vit que l'on s'était trompé, et nous reçumes un matin, cacheté du sceau de l'évêque d'Herefort, l'ordre...

— Oh! celui-là, vous l'avez, je l'espère! s'écria Édouard.

— Le voici, Monseigneur.

A ces mots, Mautravers présenta au roi un parchemin auquel pendait encore le sceau de l'évêque; Édouard le prit, le déplia lentement et d'une main tremblante.

— Mais comment avez-vous pu obéir à l'ordre d'un évêque, reprit Édouard, quand le roi était absent et la reine régente? Tout le monde gouvernait-il alors, excepté moi? et tout le monde avait-il le droit de mort quand celui-là seul qui avait le droit de grâce n'était plus là?.....

— Lisez, Sire, dit froidement Mautravers.

Édouard jeta les yeux sur le parchemin : une seule ligne y était écrite, mais cette ligne lui suffit pour reconnaître la main qui l'avait tracée.

— L'écriture de la reine! s'écria-t-il avec effroi.

— Oui, l'écriture de la reine, continua Mautravers ; et l'on savait que je la connaissais, puisque depuis que je n'étais plus son page, j'étais son secrétaire.

— Mais... mais, reprit Édouard essayant de lire l'ordre, mais je ne vois là rien qui ait pu vous autoriser à un meurtre ; au contraire, la défense est formelle, ce me semble : *Edwardum occidere nolite timere bonum est ;* ce qui veut dire : *Gardez-vous de tuer Édouard, il est bon de craindre.*

— Oui, parce que votre amour filial suppose la virgule qui décide du sens de la phrase après le mot *nolite* ; mais la virgule manque, et comme nous connaissions les désirs secrets de la régente et de son favori, nous crûmes, nous, qu'elle devait être placée après *timere*, et alors la phrase est précise : *Ne craignez pas de tuer Édouard, c'est une bonne chose.*

— Oh! murmura le roi les dents serrées et la sueur au front, oh! en voyant un pareil ordre ils ont compris que le crime se chargerait de l'interprétation ; c'est cependant infâme que l'on joue des existences royales au jeu de pareilles arguties. Voilà bien une sentence de théologien. Oh! monseigneur Jésus, savez-vous ce qui se passe en votre église?...

— Pour nous, Sire, l'ordre était formel : nous obéîmes.

— Mais comment et de quelle manière? car moi-même j'arrivai le surlendemain de la mort de mon père; le corps était exposé sur son lit de parade; je le fis revêtir de ses habits royaux, et je cherchai par tout le corps la trace d'une mort violente, car je soupçonnai quelque crime de famille; je ne trouvai rien, absolument rien. Encore une fois vous avez votre grâce, et il n'y a que moi qui risque de mourir de douleur en écoutant un pareil récit; ainsi donc, dites tout, je le veux; je suis tranquille, je suis fort, voyez.

Et à ces mots, Édouard se tourna du côté de Mautravers, donnant à son visage une apparence de calme, et fixant ses yeux sur ceux du meurtrier. Celui-ci essaya d'obéir; mais au premier mot il manqua de courage.

— Épargnez-moi ces détails, Sire, au nom du ciel! Je vous rends votre parole royale; vous ne m'avez rien promis, faites-moi conduire à l'échafaud.

— Je t'ai dit que je voulais tout savoir, répondit Édouard, quand je devrais te faire donner la question pour que tu parles! Ne me pousse pas trop, crois-moi, à ce moyen ; je ne suis déjà que trop porté à l'employer.

— Alors, détournez les yeux de moi, Monseigneur : vous avez une telle ressemblance avec votre père, que je crois vraiment, lorsque vous me regardez et m'interrogez ainsi, que c'est lui qui me regarde et m'interroge, et que son spectre sort de terre pour demander vengeance.

Édouard détourna la tête : il laissa tomber son front entre ses mains et dit d'une voix sourde :

— C'est bien : parlez maintenant ?

— Le 21 septembre au matin, continua Mautravers, nous entrâmes dans sa chambre comme d'habitude ; mais, soit pressentiment de sa part, soit que l'émotion de notre visage trahît l'action que nous allions commettre, le roi poussa un cri en nous apercevant ; puis, se jetant hors de son lit, il tomba à genoux, et joignant les mains : « Vous ne me tuerez pas, dit-il, sans m'accorder auparavant un prêtre? ». — Alors nous fermâmes la porte.

— Sans lui accorder un prêtre, misérables! s'écria Édouard; sans accorder à un roi, qui avait le droit d'ordonner et qui priait, ce qu'on accorde au dernier criminel! Oh! mais ce n'était pas dans vos instructions! et sur votre ordre on vous avait dit de tuer le corps et non pas l'âme.

— Un prêtre aurait tout découvert,

Monseigneur, car le roi n'aurait pas manqué de lui dire qu'il se confessait en danger de mort, et que nous étions là pour l'assassiner. Vous voyez bien que l'ordre de le faire mourir sans prêtre était enfermé dans l'ordre de le faire mourir.

— Oh! murmura Édouard levant les mains au ciel. Ah! mon Dieu, avez-vous jamais condamné un fils à entendre raconter par le meurtrier de son père de pareilles horreurs de sa mère? Achevez, achevez, car mon courage est à bout! ma force s'épuise!...

— Nous ne lui répondîmes point; nous nous saisîmes de lui, nous le renversâmes sur son lit ; et tandis que je lui appuyais, à l'aide d'une table retournée, un oreiller sur le visage, Gurnay, je vous jure que ce fut Gurnay, Sire, Gurnay lui enfonça à travers une corne un fer rouge dans les entrailles.

Édouard jeta un cri, et se leva tout debout et en face de Mautravers :

— Laisse-moi te regarder, malheureux, que je m'assure que tu es bien un homme. Oui, voilà, sur mon âme, un visage humain, un corps humain, une apparence humaine. Oh! démon, moitié tigre, moitié serpent, qui t'a permis de prendre ainsi la ressemblance de l'homme, qui est l'image de Dieu?

— L'idée du crime ne vient pas de nous, Sire.

—Silence! cria Édouard en lui mettant la main sur la bouche, silence, sur ta tête, je ne veux pas savoir d'où elle vient! Écoute, je t'ai promis la vie, je te la donne; voici ma parole accomplie, fais-y bien attention; mais dorénavant, au moindre mot qui tombera de tes lèvres, à la moindre indiscrétion de ta part sur les amours de la reine et de Roger, à la moindre accusation de complicité de ma mère dans cet infâme assassinat, je te jure, par ma foi royale, que je sais observer, tu le vois, que le nouveau crime sera payé de manière à ce que les anciens y retrouvent leur compte. Ainsi donc, à dater de cette heure, oublie : que le passé ne soit pour toi qu'un rêve fiévreux, qui s'évanouit avec le délire qui l'a causé. Celui qui réclame le trône de France, du fait de sa mère, doit avoir une mère que l'on puisse soupçonner des faiblesses d'une femme, car elle est femme, mais non des crimes d'un démon.

— Je vous jure de garder le secret, Sire. Maintenant qu'ordonnez-vous de moi ?

— Tenez-vous prêt à m'accompagner au château de Reding, où est la reine.

— La reine... votre mère ?

— Oui. N'êtes-vous pas habitué à la servir ? n'est-elle point habituée à vous donner des ordres ? Je vous ai trouvé un nouvel emploi dans sa maison.

— Je suis à votre merci, monseigneur; faites de moi ce que vous voudrez.

— Votre tâche sera facile ; elle se bornera à ne jamais laisser passer à ma mère la porte du château dont vous serez le gardien.

A ces mots, Édouard sortit, faisant signe à Mautravers de le suivre. A la porte du palais, il trouva le comte Jean de Hainaut et le comte Robert d'Artois qui l'attendaient. Tous deux s'étonnèrent de la pâleur affreuse du roi ; mais comme il marchait d'un pas ferme, et qu'il se mit en selle sans le secours de personne, ils n'osèrent lui faire aucune question, et se contentèrent de l'accompagner à une demi-longueur de cheval ; Mautravers et ses deux gardes venaient après eux, à quelque distance. La petite troupe suivit silencieuse les bords de la Tamise, qu'elle traversa à Windsor, et, au bout de deux heures de marche, elle aperçut les hautes tours du château de Reding. C'était dans une des chambres de ce château que, depuis l'exécution de Roger Mortimer, la reine Isabelle de France, veuve d'Édouard, était prisonnière. Deux fois par an, et à des époques fixes, le roi venait l'y visiter. Sa crainte fut donc grande lorsque la porte de sa chambre s'ouvrit, et qu'on lui annonça son fils, à une époque où il n'avait pas l'habitude de se présenter devant elle.

La reine se leva toute tremblante, et voulut venir au-devant d'Édouard; mais à moitié chemin la force lui manqua, et elle fut forcée de s'appuyer sur un fauteuil; au même moment le roi parut, accompagné de Jean de Hainaut et du comte Robert d'Artois.

Il s'avança lentement vers sa mère, qui lui tendit la main; mais Édouard, sans la prendre, s'inclinat devan elle. Alors la reine, rassemblant tout son courage et s'efforçant de sourire :

— Mon cher seigneur, lui dit-elle, à quelle bonne pensée filiale dois-je le bonheur de votre visite dans un moment où je m'y attendais si peu ?

— Au désir que j'avais de réparer mes torts envers vous, Madame, dit Édouard d'une voix sourde et sans lever les yeux ; je vous avais soupçonnée à tort d'erreurs, de fautes, et même de crimes. Le bruit public vous accusait, Madame, et souvent il n'y a malheureusement pas d'autres preuves contre les rois. Mais aujourd'hui même j'ai acquis la conviction de votre innocence.

La reine tressaillit.

— Oui, madame, continua Édouard, la conviction pleine et entière, et j'ai amené avec moi votre ancien chevalier, Jean de Hainaut, sire de Beaumont, et votre ancien ami, le comte Robert d'Artois, afin qu'ils fussent présents à l'amende honorable que je fais de mes torts envers vous.

La reine regarda d'un œil hagard les deux chevaliers qui, silencieux et stupéfaits, assistaient à cette scène, puis enfin ramena son regard sur Édouard, qui continua avec le même accent et les yeux baissés toujours :

— A compter de cette heure, le château de Reding n'est plus une prison, mais une résidence royale. Vous aurez, comme par le passé, madame, des pages, des dames d'honneur, un secrétaire ; vous serez traitée comme doit l'être la veuve d'Édouard II et la mère d'Édouard III, comme doit être traitée enfin celle qui, par son auguste parenté avec le feu roi Charles-le-Bel, me donne des droits incontestables à la couronne de France.

— Est-ce un songe, dit la reine, et puis-je croire à tant de bonheur ?

— Non, madame, c'est une réalité, et, comme dernière preuve, voici le châtelain à qui je remets la garde sacrée de votre personne. Entrez, chevalier, dit Édouard. Mautravers parut; la reine jeta un cri et se couvrit les yeux de ses mains comme si elle apercevait un spectre.

— Qu'y a-t-il donc, madame? dit Édouard; je croyais vous faire plaisir en vous ramenant un ancien serviteur; cet homme n'a-t-il pas été tour à tour votre page et votre secrétaire? ne fut-il pas le confident de toutes vos pensées, et ne pourra-t-il pas, à ceux qui douteraient encore, répondre de votre innocence comme vous-même?

— Oh! oh! mon Dieu!... dit Isabelle, si vous voulez me faire mourir, tuez-moi tout de suite, monseigneur.

— Moi! penser à vous faire mourir, madame! au contraire, je veux que vous viviez, et longuement; la preuve en est cet ordre, que je laisse aux mains du châtelain Mautravers : lisez.

La reine baissa les yeux sur le parchemin scellé du sceau royal, que lui présentait son fils, et lut à demi-voix :
Isabellam occidere nolite ; timere bonum est.

A ce dernier mot elle poussa un cri et tomba évanouie dans le fauteuil.

Les deux chevaliers s'avancèrent pour secourir Isabelle. Quant à Édouard, il alla à Mautravers.

— Chevalier, lui dit-il, voilà vos instructions. Cette fois, vous le voyez, elles sont positives. *Ne tuez pas Isabelle; il est bon de craindre.* — Partons, messeigneurs, continua Édouard; il faut que nous soyons à Londres avant le jour. Je compte sur vous pour proclamer l'innocence de ma mère.

A ces mots, il sortit suivi de Jean de

Hainaut et de Robert d'Artois, laissant la reine qui commençait à reprendre en tête-à-tête avec son ancien secrétaire.

Nos lecteurs s'étonneront peut-être de ce retour de clémence du roi Édouard III, si étrange surtout au moment où il venait d'acquérir la preuve du crime dont son père avait été victime; mais la politique l'avait emporté en lui sur la conviction, et il avait compris qu'à l'heure où il allait réclamer le trône de France du chef de sa mère il fallait traiter celle qui lui transmettait ses droits en reine et non en prisonnière.

III

Le surlendemain du jour ou plutôt de la nuit où les évènements que nous avons racontés s'étaient passés, trois ambassades sortirent de Londres, se rendant la première à Valenciennes, la seconde à Liége et la troisième à Gand.

La première avait pour chef Pierre Guillaume de Montaigu, comte de Salisbury, et Jean de Hainaut, sire de Beaumont; elle se rendait près de Guillaume de Hainaut, beau-père du roi Édouard III.

La seconde se composait de messire Henry, évêque de Lincoln, et de Guillaume de Clinton, comte de Huttington; elle était adressée à Adolphe de Lamarck, évêque de Liége.

Ces deux ambassades avaient à leur

suite une foule de chevaliers, de pages et de varlets : elles étaient dignes enfin de la puissance et de la splendeur du roi qu'elles étaient chargées de représenter, car elles se montaient chacune à plus de cinquante personnes.

Quant à la troisième, elle était loin de répondre à la riche et importante apparence des deux premières ; car, comme si les autres eussent été formées à ses dépens, elle était réduite à deux maîtres et à un valet, encore ces deux maîtres paraissaient-ils, par la simplicité de leurs vêtements, appartenir à la classe moyenne de la société.

Il est vrai que cette ambassade était simplement adressée au brasseur de bierre Jacques d'Artevelle, que le roi d'Angleterre avait peut-être craint d'humilier en lui envoyant une plus nombreuse et plus riche chevauchée ; cependant, toute simple et peu apparente qu'elle est, ce sera, si nos lecteurs nous le permettent, cette dernière que nous allons suivre ; et dans le but de faire connaissance avec elle, commençons par jeter un coup d'œil sur les deux hommes qui la composent, et qui dans ce moment traversent les rues de Londres.

L'un des deux, et c'était le plus grand,

portait une espèce de robe longue, de couleur marron, dont le capuchon relevé lui cachait entièrement le visage; cette robe, garnie de fourrure, avait à ses larges manches une ouverture qui, de chaque côté, laissait passer l'avant-bras : il était donc facile de voir qu'elle couvrait un justaucorps de drap vert pareil à celui que l'on fabriquait dans le pays de Galles, et qui, trop épais pour être porté par les grands seigneurs, était cependant trop fin pour vêtir habituellement les hommes du peuple. Des bottes de cuir, à bouts pointus, mais sans exagération quant à leur longueur, dépassaient d'un demi-pied à peu près le bas de cette lévite, et posaient sur de simples étriers de fer. Quant au cheval bai-brun qui servait de monture à l'ambassadeur, peut-être au premier aspect paraissait-il appartenir à une classe moyenne, comme son maître ; cependant, après un instant d'inspection, un connaisseur se fût facilement aperçu à son col arrondi, à sa tête busquée, à sa croupe puissante et à ses jambes fines, sur lesquelles des veines saillantes et multipliées se croisaient comme un réseau, qu'il appartenait à cette pure race normande dont les chevaliers de cette époque faisaient si grand cas, parce qu'elle réunissait la vigueur à la légèreté : aussi était-il évident que le noble animal n'obéissait à son maître, qui le forçait de marcher au pas, que parce qu'il reconnaissait en lui un écuyer exercé, et cette allure était si loin d'être la sienne, qu'au bout d'un quart d'heure de chemin il ruisselait de sueur et lançait en l'air des flocons d'écume chaque fois que dans son impatience il relevait la tête.

Quant au second personnage, il n'avait aucune ressemblance avec le portrait que nous venons de tracer de son compagnon; c'était un homme petit, blond et maigre; ses yeux, dont on aurait difficilement précisé la couleur, avaient cette expression de finesse railleuse que nous rencontrons souvent chez les hommes du peuple qu'un accident politique a soulevés au-dessus de l'état où ils sont nés, sans cependant leur permettre de parvenir aux hauteurs aristocratiques qu'ils désirent atteindre tout en paraissant les mépriser. Ses cheveux, d'un blond fade, n'étaient taillés ni comme ceux des seigneurs ni comme ceux des communes gens; quant à sa barbe, quoiqu'il fût depuis longtemps en âge d'en avoir, elle était si clair semée que l'on n'aurait pu dire si son intention était de la porter longue ou s'il n'avait pas plutôt jugé inutile de la raser vu son peu d'apparence. Son costume se composait d'une houpelande de gros drap gris, sans ceinture et à capuchon retombant; sa tête était couverte d'un bonnet de laine de la même couleur, avec une espèce d'ornement vert à l'entour, et ses pieds étaient chassés de bottines rondes du bout et lacées sur le coude-pied comme nos brodequins. Quant à sa monture, qu'il paraissait avoir choisie particulièrement à cause de sa douceur, c'était une jument, ce qui indiquait du premier coup d'œil que le chevalier n'était pas noble, car on sait qu'un gentilhomme se serait cru déshonoré de monter une pareille bête.

Lorsqu'ils eurent dépassé de cent pas à peu près les portes de la ville, le plus grand de ces deux cavaliers, n'apercevant au loin sur la route que des voyageurs ou des paysans, abattit le capuchon qu'il avait tenu ramené sur son visage tant qu'il avait été dans les rues de Londres. On put voir alors que c'était un beau jeune homme de vingt-cinq à vingt-six ans, aux cheveux bruns, aux yeux bleus, à la barbe roussâtre ; il était coiffé d'une petite toque de velours noir, à laquelle son rebord à peine saillant laissait la forme d'une calotte. Quoiqu'il ne parût pas porter un âge plus avancé que celui que nous avons indiqué, il avait cependant déjà perdu le premier coloris de la jeunesse, et son front pâle était sillonné par une ride profonde, qui indiquait que plus d'une pensée grave avait fait incliner sa tête; cependant à cette heure, semblable à un prisonnier qui vient de reprendre sa liberté, il paraissait avoir secoué tout souci et renvoyé à un autre moment les affaires sérieuses, car ce fut avec un air de franchise et de bonne humeur marquée qu'il s'approcha de son compagnon et régla le pas de son cheval de manière à marcher côte à côte du sien.

Cependant quelques minutes se passèrent sans qu'aucun d'eux ouvrît encore la bouche, occupés qu'ils paraissaient être à s'observer mutuellement.

— Par Saint-Georges! confrère, dit le jeune homme à la toque noire, rompant le premier le silence, lorsqu'on a comme nous une longue route à parcourir ensemble, je crois, sauf meilleur avis, qu'il faut faire connaissance le plus tôt possible; c'est autant d'épargné pour l'ennui et de gagné pour l'amitié ; d'ailleurs je présume que vous n'eussiez pas été fâché, lorsque vous veniez en ambassade de Gand à Londres qu'un bon compagnon comme moi vous eût mis au fait des habitudes de la capitale, vous eût nommé les seigneurs les plus influents de la cour, et vous eût d'avance prévenu des défauts ou des qualités du souverain près duquel vous êtes envoyé.

Ce que j'aurais fait volontiers pour vous si ma bonne fortune m'avait rendu votre compagnon de voyage, faites-le donc pour moi qui suis devenu le vôtre; et d'abord commençons par votre nom et votre état, car je présume qu'habituellement vous en exercez un autre que celui d'ambassadeur?

— Me permettrez-vous de vous faire ensuite les mêmes questions? répondit d'un air défiant l'homme au bonnet gris bordé de vert.

— Sans doute : la confidence doit être réciproque.

— Eh bien! mon nom est Gérard Denis; je suis chef des tisserands de la ville de Gand, et, quoique je sois fier de mon état, je suis forcé de temps en temps de laisser reposer le fil de la navette pour donner un coup de main à Jacquemart* dans le maniement des affaires publiques, qui ne vont pas plus mal en Flandre que dans les autres pays pour être administrées par des chefs de corporation, lesquels étant du peuple savent au moins ce qu'il faut au peuple. Et maintenant à votre tour de parler, car je vous ai dit je crois, ce que vous vouliez savoir.

— Moi, répondit le jeune chevalier, je m'appelle Walter; ma famille, quoi-

---

* C'est ainsi que l'on nommait familièrement Jacques d'Artevelle, dont le nom flamand est Jacob Von Artveld.

que riche et de nom, vaudrait mieux encore si ma mère n'avait injustement perdu un grand procès qui m'a enlevé la plus belle part de mon héritage. Je suis venu au monde le même jour que le roi Édouard, j'ai été nourri du même lait que lui, ce qui fait qu'il m'a toujours eu dans une grande amitié. Quant à la place que j'occupe à la cour, je ne saurais trop comment la qualifier : j'accompagne le roi partout, à la chasse, à l'armée, au conseil ; bref, quand il veut juger une chose comme s'il la voyait de ses propres yeux, il me charge habituellement de la regarder à sa place. Voilà pourquoi il m'envoie à Jacques d'Artevelle, qu'il tient pour son ami et qu'il considère particulièrement.

— Il ne m'appartient pas de critiquer le choix qu'a fait un prince aussi sage et aussi puissant que l'est le roi d'Angleterre, et cela devant vous, répondit Gérard Denis en s'inclinant, mais il me semble qu'il a choisi le messager bien jeune. Quand on veut prendre un vieux renard, il ne faut pas le chasser avec de jeunes chiens.

— Cela est bon lorsqu'on cherche à se tromper l'un l'autre, et lorsqu'il s'agit de politique et non de commerce, répondit naïvement celui qui s'était donné le nom de Walter; mais lorsqu'on va traiter bonnement et franchement d'un échange de marchandises, on s'entend vite entre gentilshommes.

— Entre gentilshommes? répéta Gérard Denis.

— Oui; Jacques d'Artevelle n'est-il pas de famille noble? répondit négligemment Walter.

Gérard éclata de rire.

— Oui, oui, de famille si noble, que

le comte de Valois, père du roi de France, voulant le faire voyager dans sa jeunesse, afin que rien ne manquât à son éducation, l'a conduit à Rhodes, et qu'à son retour le roi Louis-le-Hutin l'a trouvé si bien formé qu'il lui a donné une charge en sa cour; oui, sur mon âme, il l'a fait valet de sa fruiterie. De sorte que, vu la haute fonction qu'il avait occupée, il a pu faire un grand mariage : il a épousé une brasseuse de miel.

—Alors, reprit Walter, il lui a fallu un bien grand mérite personnel pour acquérir la puissance dont il jouit.

— Oui, oui, dit Gérard avec son éternel sourire, qui seulement changeait d'expression selon la circonstance : il a la voix forte, et il peut crier haut et longtemps contre la noblesse ; ce qui est un grand mérite, comme vous dites, auprès de gens qui ont chassé leur seigneur.

— Il est royalement riche, dit-on ?

— Il n'est pas difficile d'amasser des trésors lorsque, comme un prince d'Orient, on lève les rentes, les tonnieux, les vinages et tous les revenus d'un seigneur, sans en rendre d'autres comptes que ceux que l'on veut bien, et quand on est tellement craint qu'il n'est point un bourgeois qui ose refuser de vous prêter, quelle que soit la somme qu'on lui emprunte, et quoiqu'il sache parfaitement qu'il n'en recevra jamais un esterlin.

— Vous dites que Jacquemart est craint ? Je le croyais aimé, moi.

— Et pourquoi faire alors aurait-il constamment autour de lui soixante ou quatre-vingt gardes qui l'environnent comme un empereur romain, et qui ne laissent approcher ni fer ni acier de sa personne ? Il est vrai qu'on dit généralement qu'ils ne lui servent pas à se défendre, mais à attaquer, et qu'il y en a parmi eux deux ou trois qui savent tellement ses plus profonds secrets que, lorsqu'ils rencontrent un ennemi de Jacquemart, Jacquemart n'a qu'à faire un signe, alors son ennemi disparaît, si haut et si grand qu'il puisse être. Tenez, voulez-vous que je vous dise? continua Gérard Denis en frappant sur la cuisse de Walter, qui paraissait depuis un moment l'écouter à peine, cela ne durera pas longtemps ; il y a à Gand des hommes qui valent Jacquemart, et qui feraient aussi bien et même mieux que lui, avec Édouard d'Angleterre, tous les traités de politique et de commerce qui seraient à la convenance d'un aussi grand roi. Mais que diable regardez-vous donc ainsi, et à quoi pensez-vous ?

— Je vous écoute, maître Gérard, et je ne perds pas un mot de ce que vous dites, répondit Walter avec distraction, soit qu'il pensât qu'une attention trop soutenue donnerait l'éveil à son interlocuteur, soit qu'il eût appris ce qu'il désirait savoir, soit enfin qu'il fût réellement préoccupé par l'objet qui avait attiré ses regards; mais, tout en vous écoutant, je regarde ce magnifique héron qui vient de s'enlever de ce marais, et je pense que, si j'avais là un de mes faucons, je vous donnerais le plaisir d'une chasse au vol. Eh! mais, sur mon honneur, nous l'aurons sans cela : et tenez, là-bas, là-bas, voilà un faucon qu'on lance à la poursuite de notre ami au long bec. Haw! haw! cria Walter, comme si le noble oiseau eût pu l'entendre. Et voyez, maître Gérard, voyez : le héron a aperçu son ennemi. Ah! double couard! s'écria le jeune chevalier, tu as beau fuir maintenant ; si ton adversaire est de race, tu es perdu !...

En effet, le héron, qui vit le danger qui le menaçait, poussa un long cri plaintif, qu'on entendit malgré la distance, et commença de monter comme s'il voulait se perdre dans les nues. Le faucon, qui de son côté s'aperçut de son intention, employa pour attaquer, la même manœuvre que sa proie adoptait pour se défendre, et, tandis que le héron s'élevait verticalement, il traça une ligne diagonale qui tendait vers le point où ils devaient se rejoindre.

— Bravo ! bravo ! s'écria Walter, qui prenait à ce spectacle tout l'intérêt qu'il avait l'habitude d'inspirer aux gentilshommes : bien attaqué, bien défendu.

Haw! haw! Robert, reconnais-tu ce faucon?

— Non, monseigneur, répondit le varlet, aussi attentif que son maître au combat qui allait se livrer; mais, sans savoir à qui il appartient, je répondrais, à son vol, qu'il est de grande race.

— Et tu ne te tromperais pas, Robert. Sur mon âme! il a un coup d'aile de gerfaut, et dans un instant il va l'avoir joint. Ah! tu as mal pris ta mesure, mon noble oiseau, et la peur a eu de meilleures ailes que le courage.

En effet, le héron avait si bien calculé

ses forces qu'au moment où le faucon l'atteignit il avait conservé le dessus. L'oiseau chasseur continua donc sa route, passant quelques pieds au-dessous de lui, mais sans l'attaquer. Le héron profita aussitôt de cet avantage, et, changeant la direction de son vol, il essaya de gagner de l'espace et d'échapper par la distance, au lieu d'échapper par la hauteur.

— Eh bien ! s'écria Robert confondu, aurions-nous mal jugé notre faucon, monseigneur ! Le voilà, sur mon âme, qui s'enfuit de son côté comme le héron du sien.

à cheval, rejoignit ses compagnons, et se remit en route, augmentant l'ambassade d'un nouveau personnage.

A peine avait-il fait un quart de lieue qu'il entendit crier derrière lui et que, se retournant, il aperçut un jeune homme qui venait à lui à toute bride : il reconnut aussitôt Guillaume de Montaigu, neveu du comte de Salisbury, et s'arrêta pour l'attendre.

— Seigneur chevalier, lui cria le jeune bachelier du plus loin qu'il crut pouvoir se faire ouïr, le faucon de madame Alix n'est ni à acheter ni à vendre; ayez donc la bonté de me le remettre contre cet anneau, qu'elle vous renvoie, ou, sur mon âme, je saurai bien vous le reprendre !

— Mon beau page, reprit froidement Walter, tu diras à ta maîtresse qu'étant parti en voyage et ayant oublié mon faucon, qui est, comme tu le sais, le compagnon inséparable de tout noble seigneur, je lui emprunte le sien et lui laisse cette bague comme gage que je le lui rendrai. Maintenant, si la belle Alix ne croit pas le gage suffisant, va toi-même à ma fauconnerie et prends pour les lui offrir les deux plus beaux gerfauts que tu trouveras au perchoir.

Alors, au grand étonnement de Gérard

Denis, qui avait entendu les menaces du jeune bachelier, il vit celui-ci pâlir et trembler aux premiers mots que lui adressa Walter, et, lorsqu'il eut fini de parler, ce messager si terrible s'incliner respectueusement et s'apprêter à obéir, sans même oser lui répondre.

— Allons, dit Walter sans paraître remarquer la stupéfaction de son camarade, en route, maître Gérard, nous avons perdu un peu de temps, il est vrai, mais nous avons vu une belle chasse, et j'ai acquis un noble oiseau.

A ces mots il approcha ses lèvres du faucon, qui tendit câlinement le cou, comme habitué à cette sorte de caresse, et se remit en chemin.

— Plus de doute, —murmura le jeune bachelier en tournant la tête de son cheval du côté où l'attendait la belle Alix et en regardant tristement la bague magnifique qu'il était chargé de lui reporter : — plus de doute, il l'aime!

Quant à Walter, telle était la préoccupation dans laquelle l'avait plongé cette aventure qu'il arriva jusqu'à l'auberge où il devait passer la nuit sans adresser une seule parole à maître Gérard Denis.

IV

Le lendemain, les deux voyageurs se levèrent avec le jour; tous deux paraissaient habitués à ces marches matinales, l'un comme soldat, l'autre comme homme de moyenne condition : leurs préparatifs de départ furent donc faits avec une célérité toute militaire, et le soleil paraissait à peine à l'horizon, qu'ils se remettaient déjà en voyage. A un quart de lieue à peu près de l'auberge où ils avaient passé la nuit, le chemin qu'ils suivaient se sépara en deux routes, l'une conduisait à Harwich, l'autre à Yarmouth; Walter avait déjà poussé son cheval vers la dernière, lorsque son compagnon arrêta le sien.

— Avec votre permission, messire, dit Gérard Denis, nous prendrons la route de Harwich, j'ai quelques affaires indispensables à régler dans cette ville.

—J'aurais cru, dit le jeune chevalier que nous aurions trouvé à Yarmouth des moyens de transport plus faciles.

— Mais moins sûrs, reprit Gérard.

— C'est possible; cependant comme la ligne était plus directe de ce côté pour aborder au port de l'Écluse, je pensais que vous la préféreriez, ainsi que moi.

— La ligne la plus directe, messire, est celle qui conduit où l'on veut aller, et si nous avons quelque envie d'arriver sains et sauf à Gand, il faut faire voile pour Newport, et non pour l'Écluse.

— Et pourquoi cela?

— Parce qu'il y a en vue de cette dernière ville certaine île de Cadsand qui est gardée par messire Guy de Flandre, frère bâtard du comte Louis de Cressy, notre ex-seigneur, par le dukere[*] de Hallewyn, et par messire Jean de Rhodes, qui en sont capitaines et souverains, et qui demanderaient peut-être de nos deux personnes une plus forte rançon que ne pourraient la payer un chef de tisserands et un simple chevalier.

— Bah! répondit Walter en riant et en remettant son cheval au chemin

[*] Le *seigneur*, terme flamand qui désigne cette qualité.

qu'avait déjà pris son prudent compagnon, je suis certain que Jacquemart d'Artevelle et le roi Édouard III ne laisseraient pas leurs ambassadeurs mourir prisonniers faute d'une rançon, cette rançon se montât-elle pour chacun à dix mille écus d'or.

— Je ne sais pas ce que le roi Édouard ferait pour messire Walter, répondit le tisserand ; mais ce dont je suis sûr, c'est que, si riche que soit Jacquemart, il n'a rien mis de côté pour le cas où son ami maître Gérard Denis serait pris, même par les Sarrasins, qui sont bien d'autres mécréants encore que les seigneurs de

Flandre : permettez donc que je m'en rapporte à moi-même de ma propre sûreté ; il n'y a point d'amitié de roi, de fils ni de frère qui défende la poitrine d'un homme aussi vigilamment que le bouclier qui protège son bras gauche et l'épée qui arme sa main droite : je n'ai ni épée ni bouclier, c'est vrai, et je serais même fort embarrassé de me servir de l'un ou de l'autre, attendu que j'ai plus souvent manié le fuseau et la navette que la dague et la targe ; mais j'ai la prudence et la ruse, armes offensives et défensives qui en valent bien d'autres, surtout dirigées par une tête incessamment préoccupée d'épargner toute mésaventure au corps qui a l'honneur de la supporter, soin dont elle s'est, il faut lui rendre justice, fort habilement occupée jusques aujourd'hui.

— Mais, reprit Walter, en voulant éviter la garnison de Cadsand, ne nous exposerons-nous point à rencontrer quelques-uns de ces pirates bretons, normands, picards, espagnols ou génois, qui vont toujours nageant à la solde du roi Philippe le long des côtes de France, et croyez-vous que Hugues Quieret, Nicolas Béhuchet ou Barbevaire seraient de meilleure composition à notre égard que messire Guy de Flandre, le seigneur de Hallewyn, ou Jean de Rhodes ?

— Oh ! ceux-là, ils sont plus en quête des marchandises que des marchands, et c'est moins aux moutons qu'à la laine qu'ils en veulent ; en cas de rencontre, nous leur laisserions notre cargaison, et tout serait dit.

— Avez-vous donc un bâtiment marchand à vos ordres dans le port de Harwich ?

— Non, par malheur. Je n'ai qu'une petite galée, à peine grande comme une barge, que j'ai frétée à mon compte en partant de Flandre, et dont le ventre ne peut guère contenir que trois cents sacs de laine; si j'avais su trouver la marchandise si facilement et à si bon marché, j'aurais pris une plus grande nef.

— Mais j'avais cru, dit Walter, que le roi Édouard avait mis un embargo sur les laines d'Angleterre, et qu'il était défendu, sous des peines assez fortes, de les exporter du royaume.

— Eh! c'est ce qui rend la spéculation meilleure. Aussi, dès que j'ai su que Jacques voulait envoyer un ambassadeur au roi Édouard, je lui ai demandé la préférence; car j'ai pensé qu'en ma qualité d'envoyé des bonnes villes de Flandre, on me croirait plus occupé de politique que de commerce, et qu'il y aurait par conséquent facilité de faire un bon coup: je ne m'étais pas trompé, et si j'arrive sans encombre à Gand, mon voyage n'aura pas été perdu.

— Mais si le roi Édouard, au lieu d'envoyer un messager pour traiter directement avec Jacques d'Artevelle, avait levé tout de suite, selon la demande que vous lui en avez faite, la défense mise sur l'exportation des laines, il me semble que votre spéculation aurait été moins lucrative, puisque vous avez fait, à ce qu'il me paraît, vos achats avant de venir à

Londres, et qu'ayant traité, par conséquent, d'une marchandise prohibée, vous avez dû la payer plus cher.

— On voit bien, mon jeune confrère, répondit Gérard Denis en souriant, que vous vous êtes plus occupé de chevalerie que de commerce, puisqu'il paraît qu'à ma place vous eussiez été embarrassé de si peu de chose.

— J'avoue que votre observation est juste ; mais je ne désire pas moins savoir comment vous vous en seriez tiré dans ce cas.

— Dans ce cas, j'aurais été quitte pour

retarder la publication et presser la vente ; et comme j'aurais été porteur à la fois du décret et des laines, j'aurai laissé mon portefeuille clos tant que mes sacs auraient été ouverts, et cela n'aurait pas été long, continua Gérard avec un soupir, car les trois quarts de nos manufactures sont fermées, non pas, Dieu merci, faute de dents, mais faute de nourriture à mettre dessous.

— Il y a donc disette en Flandre des laines d'Angleterre ?

— Disette, c'est le mot. Écoutez, continua Gérard d'un air confidentiel, en se rapprochant de Walter et en baissant la voix, quoiqu'ils fussent seuls sur la route, il y aurait une bonne spéculation à tenter si vous le vouliez.

— Laquelle? je ne demande pas mieux que d'achever mon éducation commerciale, d'autant plus que vous m'avez l'air du maître qu'il me faut pour m'instruire vite.

— Que comptiez-vous faire à Yarmouth?

— Mais, prendre un bâtiment de la marine du roi, comme m'y autorisaient mes pouvoirs.

— Cette autorisation était-elle restreinte à un seul port?

— Elle s'étendait à tous les ports d'Angleterre.

— Eh bien! prenez à Harwich le bâtiment que vous comptiez prendre à Yarmouth; il n'y a pas besoin qu'il soit de la dimension d'*Édouarde* ni de *Christophe*, qui sont, dit-on, les deux plus grandes nefs qui aient jamais été construites sur un chantier, mais d'une taille honnête, avec un ventre qui puisse contenir la fortune de deux hommes, et quand vous l'aurez pris, nous lui bourrerons l'estomac des meilleures laines du pays de Galles; nous le ferons suivre par notre petite galée, qu'il est inutile de perdre et arrivés là-bas, nous partagerons en frères. Si vous n'avez pas d'argent, cela ne fait rien, j'ai du crédit.

— Votre idée est bonne, dit Walter.

— N'est-ce pas ? s'écria Gérard les yeux brillants de joie.

— Mais il n'y a qu'un malheur, c'est que je ne puis en conscience la mettre à exécution.

— Eh ! pourquoi cela ? reprit Gérard.

— Parce que c'est moi qui ai donné au roi Édouard le conseil de ne pas laisser sortir un seul ballot de laine des ports d'Angleterre. — Gérard fit un mouvement de surprise. — Que ce que je viens de vous dire ne vous inquiète pas cependant, mon brave compagnon, continua Walter en souriant à son tour, vous avez acheté vos trois cents sacs, c'est bien ; emportez-les ; mais, croyez-en un homme qui vous parle en ami, bornez là votre spéculation. Quant à moi, comme vous l'avez deviné, je m'occupe plus de chevalerie que de commerce, et comme ces deux états sont incompatibles, mon choix est fait entre eux : je désire rester chevalier. Robert, donnez-moi *la Prude*. — A ces mots, Walter prit sur son poing le faucon de la belle Alix, et passant du côté de la route opposé à celui où se trouvait Gérard, il laissa le chef des tisserands continuer solitairement son chemin, tout étourdi de la manière dont avait été reçue une proposition qui lui semblait si naturelle, et qu'à la place de Walter il eût trouvée si avantageuse.

Laissons-les continuer leur route silencieuse vers Harwich, et jetons, pour l'intelligence des faits qui vont suivre, et l'appréciation des nouveaux personnages que nous allons mettre en scène, un coup-d'œil sur la Flandre, séjour privilégié des trois reines du commerce occidental du moyen-âge, Ypres, Bruges et Gand.

L'interrègne qui avait suivi la mort de Conradin, exécuté à Naples en 1268, par les ordres de Charles d'Anjou, frère de saint Louis, en amenant de longs troubles électifs en Allemagne, avait permis peu à peu aux seigneurs, comme nous l'avons dit, de se soustraire à la juridiction de l'empire; les villes, à leur tour, instruites par l'exemple qui venait de leur être donné, prirent leurs mesures pour échapper à la puissance féodale. Mayence, Strasbourg, Worms, Spire, Bâle et toutes les cités, du Rhin jusqu'à la Moselle, firent un traité offensif et défensif, qui avait pour but de se soustraire aux violences de leurs seigneurs, dont les uns relevaient de l'empire, les autres de la France : ce qui les excitait surtout à cette défense était l'amour de la propriété, que leur avaient inspiré les richesses immenses que le commerce répandait sur leurs places publiques. Dans cette époque reculée, où la route du Cap de Bonne-Espérance n'avait point encore été découverte par Barthélemy Dias, ni frayée par Vasco de Gama, tous les transports se faisaient par caravanes : ces caravanes partaient de l'Inde, où se réunissaient tous les produits de son océan, remontaient les bords du golfe Persique, gagnaient Rhodes ou Suez, leurs deux grands entrepôts, et prenaient sur ces deux points des bâtiments de transport qui les conduisaient à Venise : là les marchandises étaient exposées d'abord dans les bazars magnifiques de la ville sérénissime, qui ensuite les expédiait dans les autres ports de la Méditerranée à l'aide de ses mille vaisseaux, mais qui employait une seconde fois le moyen des caravanes pour diriger vers l'Océan le fleuve commercial qui alimentait tous les pays situés au nord et à l'occident de Venise : ces nouvelles caravanes traçaient une ligne à travers les comtés indépendants du Tyrol et du Wurtemberg, côtoyaient le Rhin jusqu'à Bâle, enjambaient le fleuve au-dessous de Strasbourg, longeaient l'archevêché de Trèves, le Luxembourg et le Brabant, puis venaient enfin s'arrêter en Flandre, après avoir rempli sur leur route les marchés de Constance, de Stuttgard, de Nuremberg, d'Augsbourg, de Francfort et de Cologne, villes hôtelières, bâties comme des caravansérails d'Occident. C'est ainsi que Bruges, Ypres et Gand étaient devenues les riches succursales de Venise ; c'était de leurs magasins que sortaient, pour se répandre en Bourgogne, en France et en Angleterre, les épiceries de Bornéo, les étoffes de Cachemir, les perles de Goa, et les diamants de Guzarate. Quant aux terribles poisons des Célèbes, on disait que l'Italie s'en était réservé le monopole. En échange, les villes anséatiques recevaient les cuirs de France et les laines d'Angleterre, qu'elles fabriquaient presque exclusivement, et que les caravanes reposées remportaient à leur tour jusqu'au fond de l'Inde, d'où elles étaient parties.

On conçoit donc facilement que ces riches bourgeois, qui pouvaient rivaliser de luxe avec les seigneurs de l'empire, de l'Angleterre et de la France, se soumettaient difficilement aux exactions de leurs ducs ou de leurs comtes. Aussi leurs seigneurs étaient-ils presque toujours en guerre avec eux quand ils n'étaient pas en guerre avec la France.

Ce fut sous Philippe-le-Bel, vers l'an 1297, que les collisions avaient commencé à prendre un caractère sérieux. Le comte de Flandre avait fait déclarer au roi de France qu'il cessait d'être son vassal et ne le reconnaissait plus pour son souverain. Philippe envoya aussitôt l'archevêque de Reims et l'évêque de Senlis jeter l'interdit sur le comte de Flandre ; celui-ci en appela au pape, qui convoqua l'affaire devant lui; mais Philippe écrivit au souverain pontife que les affaires de son royaume regardaient la cour des pairs, et non pas le saint-siége. En conséquence, il rassembla une armée et marcha vers la Flandre, jetant en Italie la semence de cette grande discorde religieuse qui causa la mort de Boniface VIII et amena la translation de la papauté dans la ville d'Avignon.

Pendant sa marche militaire, Philippe-le-Bel apprit que le roi des Romains venait au secours des Flamands; il lui envoya aussitôt Gaucher de Châtillon, son connétable, qui, à force d'argent, acheta sa retraite ; en même temps Albert d'Autriche recevait de lui une somme considérable pour occuper Rodolphe en Allemagne. Philippe, délivré du pouvoir spirituel de Boniface VIII et du pouvoir temporel de l'empereur, marcha à la rencontre de ses ennemis ; la campagne s'ouvrit par une suite de victoires : Lille capitula, Béthune fut emportée d'assaut, Douai et Courtray se rendirent, et le comte de Flandre fut battu aux environs de Furnes ; mais, en marchant sur Gand, le roi de France trouva les fuyards ralliés par Édouard 1er d'Angleterre, qui avait passé la mer pour venir à leur secours. Ni l'un ni l'autre des deux souverains ne voulant risquer une bataille, une trêve de deux ans fut signée à Tournay, et par cette trêve Philippe demeura maître de Lille, de Béthune, de Courtray, de Douai et de Bruges. A l'expiration de la trêve Philippe IV envoya son frère Charles de Valois recommencer la guerre interrompue; et la ville de Gand ayant ouvert ses portes, le comte de Flandre et ses deux fils en sortirent en suppliants, suivis d'un grand nombre de seigneurs, et vinrent se jeter aux genoux du roi. Philippe envoya le comte de Flandre et ses deux fils en prison, le comte de Flandre à Compiègne, et Robert et Guillaume, le premier à Chinon, et le second en Auvergne. Cette mesure prise, il partit lui-même pour Gand, diminua les impôts, accorda aux villes de nouveaux privilèges, et, lorsqu'il crut avoir gagné l'affection du peuple, déclara que le comte ayant mérité par sa félonie la confiscation de ses états, il les réunissait à la France.

Ce n'était point là l'affaire des Flamands : ils avaient espéré mieux qu'un changement de maître. En conséquence, ils attendirent patiemment le départ du roi, et lorsqu'il fut parti, ils se révoltèrent. Le tisserand Pierre Leroy et le boucher Breget étaient les principaux chefs de cette sédition qui, rencontrant partout la sympathie des intérêts, s'étendit d'un bout à l'autre de la Flandre; de sorte qu'avant même que la nouvelle du premier mouvement ne fût parvenue à Paris, Pierre Leroy avait repris Bruges; Gand, Dam et Ardembourg s'étaient soulevées, et Guillaume de Juliers, neveu du comte, étant venu rejoindre les bonnes gens de Flandre, avait été élu général; ses premiers exploits furent la prise de Furnes, de Bergues, de Vindale, de Cassel, de Courtray, d'Oudenarde et d'Ypres. Philippe envoya contre eux une armée commandée par le connétable Raoul de Clermont-de-Nesle et par Robert, comte d'Artois, père de celui que nous avons vu arriver proscrit à la cour du roi d'Angleterre; cette armée vint se briser contre le camp fortifié de Guillaume de Juliers, laissant dans ses fossés le connétable, qui ne voulut point se rendre, Robert d'Artois, que l'on retrouva percé de trente-deux blessures, deux maréchaux de France, l'héritier de Bretagne, six comtes, soixante barons, douze cents gentilshommes et dix mille soldats.

L'année suivante Philippe entra lui-même en Flandre pour venger cette défaite, qui avait mis en deuil toute la noblesse de France, et, après avoir pris Orchies, vint camper à Mons-en-Puelle, entre Lille et Douai. Deux jours après, au moment où Philippe allait se mettre à table, une grande rumeur s'éleva tout-à-coup dans l'armée : le roi s'élança vers la porte de sa tente, et se trouva face à face avec Guillaume de Juliers, qui avait pénétré dans le camp avec trente mille Flamands : c'en était fait du roi, si Charles de Valois, son frère, ne s'était jeté à la gorge de Guillaume de Juliers. Pendant qu'ils luttaient corps à corps, Philippe prit son casque, ses gantelets et son épée, et sans autres armes, il s'élança à cheval, rassembla toute sa cavalerie, passa sur le corps de l'infanterie flamande, lui écrasa six mille hommes et mit le reste en déroute ; puis, voulant profiter de l'avantage que lui donnait le bruit de cette victoire, il vint mettre le siège devant Lille : à peine y avait-il établi ses logis que Jean de Namur, qui avait rassemblé soixante mille hommes, lui envoya un héraut pour lui demander une paix honorable, ou le défier à la bataille. Philippe, étonné de la promptitude avec laquelle la rébellion avait réparé son échec et recruté de nouvelles forces, accorda la paix demandée : les conventions furent que Philippe remettrait en liberté Robert de Béthune, et lui rendrait sa comté de Flandre, mais à la condition qu'il ne pourrait avoir que cinq villes entourées de Murailles, lesquelles murailles le roi pourrait même faire démolir s'il le jugeait nécessaire ; que Robert prêterait foi et hommage, et paierait à divers termes une somme de deux cent mille livres ; en outre, on rendait à la France Lille, Douai, Orchies, Béthune et toutes les autres villes situées en deçà de la Lys. Ce traité fut observé tant bien que mal jusqu'en 1528, époque à laquelle Louis de Cressy, chassé par ses sujets, se réfugia à la cour de Philippe de Valois. Trois rois avaient occupé successivement le trône de France pendant cet intervalle pacifique, Louis X, Philippe V et Charles IV.

Philippe de Valois, qui avait succédé à ce dernier, marcha à son tour contre les Flamands et les trouva retranchés sur la montagne de Cassel et commandés par un marchand de poisson nommé Collin Zannec; le nouveau général avait fait mettre un coq sur la barrière de son camp, avec ces deux vers :

>Quant ce coq chanté aura,
>Le roi trouvé * conquérera.

* On appelait Philippe-de-Valois, le roi trouvé, parce qu'il avait été élu par les barons après la mort de Charles-

Pendant que Philippe cherchait par quel moyen il pourrait faire chanter le coq de Zannec, celui-ci trois jours de suite pénétrait dans son camp, déguisé en marchand de poisson, et observait que le roi restait longtemps à table, et dormait après son dîner ; exemple qui était imité de toute l'armée ; cela lui fit naître l'idée de surprendre le camp. En conséquence, le 25 août, à deux heures de l'après-midi, pendant que tout dormait, Zannec fit avancer ses troupes en silence ; les sentinelles surprises furent égorgées avant d'avoir pu donner l'a-

le-Bel, qui ne laissait ni frère ni fils, mais seulement Édouard d'Angleterre, son neveu par les femmes, et Philippe-de-Valois, son cousin par les hommes.

larme. Les Flamands se répandirent dans les logis, et Zannec marchait vers la tente de Philippe avec cent hommes déterminés, lorsque le confesseur du roi, qui seul ne s'était pont endormi, occupé qu'il était d'une lecture sainte, entendit du bruit et donna l'alarme. Philippe fit sonner le boute-selle : les troupes à ce bruit, se réveillent, s'arment, tombent sur les Flamands, et en tuent, s'il faut en croire la lettre que le roi écrivit lui-même à l'abbé de Saint-Denis, dix-huit mille cinq cents. Zannec ne voulut point survivre à cette défaite, et se fit tuer. Cette bataille livra la Flandre à la merci du vainqueur, qui démantela

Ypres, Bruges et Courtray, après avoir fait pendre et noyer trois cents de leurs habitants. La Flandre se trouva ainsi reconquise à Louis de Cressy, qui, n'osant cependant résider dans aucune de ses capitales, continua de demeurer en France d'où il régissait son comté..

Ce fut pendant cette absence de son seigneur que la puissance de Jacques d'Artevelle s'accrut si grandement qu'à le voir on eût dit qu'il était souverain maître de la Flandre. C'était en effet lui, comme nous l'avons vu, et non Louis de Cressy, qui avait envoyé un messager au roi Édouard, dans le but d'obtenir l'exportation des laines d'Angleterre, qui faisaient le principal commerce des villes anséatiques ; et nous avons raconté comment Édouard, calculant avec la rapidité du génie l'immense parti qu'il pouvait tirer de la vieille haine qui existait entre Philippe de Valois et la Flandre, n'avait point dédaigné de traiter de puissance à puissance avec le brasseur d'Artevelle.

V

V

Maintenant que, bravant l'ennui qui ne manque jamais de s'attacher à l'histoire de faits et de dates dépouillée de ses détails, nous avons consacré la moitié d'un chapitre à raconter quels évènements successifs avaient porté le brasseur d'Artevelle au degré de pouvoir où il était parvenu, on ne s'étonnera pas de le voir sortir de la salle de conférence où les députés des corporations discutaient ordinairement les affaires de la ville et de la province, au milieu d'un cortége qui aurait fait honneur à un prince suzerain; à peine était-il apparu au seuil de cette salle que, quoiqu'il eût encore la cour tout entière à traverser avant d'arriver à la rue, une vingtaine de varlets armés de bâtons avaient pris les devants pour lui frayer une route au milieu du peuple, qui s'empressait toujours aux lieux où il devait passer.

Arrivé à la porte, où plusieurs pages et écuyers tenaient des chevaux de main, il s'approcha de sa monture, rassembla les rênes en cavalier expérimenté, et se mit en selle avec plus d'aisance qu'on n'aurait dû l'attendre d'un homme de son état, de sa corpulence et de son âge. A sa droite et à sa gauche s'avançaient montés, le premier sur un magnifique cheval de guerre, digne d'un aussi noble et aussi puissant chevalier, le second sur un palefroi dont l'allure douce était assortie à son état, le marquis de Juliers, fils de ce Guillaume de Juliers qui, à la bataille de Mons-en-Puelle, avait pénétré jusqu'à la tente de Philippe-le-Bel, et son frère messire Valerand, archevêque de Cologne; derrière eux venaient le sire de Fauquemont et un brave chevalier qu'on appelait le Courtraisien, parce qu'il était né dans la cité de Courtray, et qu'il était même plus connu sous ce nom que sous celui de Zegher, qui était cependant le nom de sa famille. Enfin, derrière les deux nobles hommes que nous venons de nommer, se pressaient pêle-mêle et sans distinction les députés des bonnes villes et les chefs des corporations.

Ce cortège était si nombreux que personne ne s'était aperçu qu'au détour d'une rue deux nouveaux personnages venaient de s'y mêler; soit que les arrivants désirassent par curiosité s'approcher de Jacques d'Artevelle, soit qu'ils crussent que leur rang leur permettait de choisir cette place, ils firent si bien qu'ils parvinrent à prendre la file immédiatement après le sire de Fauquemont et le Courtraisien; ils la suivirent ainsi pendant un quart d'heure à peu près; puis la tête de la colonne s'arrêta devant une maison à plusieurs étages, qui tenait à la fois de la manufacture et du palais; chacun mit pied à terre, et les varlets s'emparèrent des chevaux, qu'ils conduisirent sous de grands hangars destinés à donner l'hospitalité aux quadrupèdes ; on était arrivé chez Jacques d'Artevelle ; en se retournant pour faire signe au cortège d'entrer, le brasseur aperçut les nouveaux arrivants.

— Ah ! c'est vous, maître Gérard ! dit tout haut d'Artevelle ; soyez le bienvenu. Je regrette que vous n'ayez pas été plus pressé de nous rejoindre de quelques heures seulement, vous auriez assisté à la décision que nous venons de prendre pour assurer la liberté du commerce des bonnes villes de Flandre avec Venise et Rhodes, décision pour l'exécution de laquelle messire de Juliers et monseigneur l'archevêque de Cologne, son frère, peuvent nous être et nous seront d'un si grand secours, non seulement dans toute l'étendue de leurs possessions territoriales, qui s'étendent de Dusseldorf à Aix-la-Chapelle, mais encore par leur influence sur les autres seigneurs, leurs parents et amis, parmi lesquels il faut compter l'auguste empereur des Romains, Louis V de Bavière. Vous auriez vu avec plaisir, j'en suis certain, l'empressement et l'unanimité qu'ont mis les bones villes à me conférer tous les pouvoirs qui appartenaient à Louis de Flandre avant sa fuite chez son parent le roi de France. Puis, s'approchant de lui et le tirant à part, il ajouta tout bas : — Eh bien ! mon cher

Denis, quelles nouvelles d'Angleterre? As-tu vu le roi Edouard? paraît-il disposé à lever la défense qu'il a faite? aurons-nous ses laines du pays de Galles et ses cuirs du comté d'York? Parle tout bas et comme si nous causions de choses indifférentes.

— J'ai rempli ponctuellement tes instructions, Jacquemart, répondit le chef des tisserands, affectant de tutoyer d'Artevelle, et de l'appeler du nom que lui donnaient ses familiers. J'ai vu le roi d'Angleterre, et il a été si frappé des observations que je lui ai transmises en ton nom, qu'il envoie un de ses plus fidèles pour traiter l'affaire directement avec toi, ne voulant avoir affaire qu'à toi, et sachant qu'il est inutile de s'adresser à d'autre, et que ce que tu veux, la Flandre le veut.

— Et il a raison, sur mon âme. Mais où est ce messager?

— C'est ce grand jeune homme, moitié brun, moitié roux, que tu vois de l'autre côté de la rue, appuyé contre cette colonne, et jouant avec son faucon, comme pourrait faire un baron de l'empire ou un pair de France. Je crois, Dieu me pardonne, que tous ces Anglais se croient descendus de Guillaume-le-Conquérant.

— N'importe, il faut flatter leur vanité.

Invite de ma part ce jeune homme au souper que je donne à l'archevêque de Cologne, au marquis de Juliers et aux députés des bonnes villes. Place-le à table de manière à satisfaire son amour-propre, sans cependant qu'il soit trop en vue, entre le Courtraisien, qui est chevalier, et toi, qui es chef de corporation, par exemple : aie soin qu'il ne soit pas trop près de moi, pour ne pas donner soupçon sur son importance, et cependant qu'il ne soit pas trop éloigné, afin que je puisse étudier sa physionomie. Recommande-lui de ne pas dire un mot de sa mission, et fais-le boire : je causerai avec lui après le souper.

Gérard Denis fit un signe d'intelligence, et s'empressa de porter à Walter l'invitation qu'il était chargé de lui transmettre : le jeune chevalier l'accepta comme une faveur à laquelle son titre lui donnait droit, et prit entre le Courtraisien et le chef des tisserands la place que lui avait désignée d'Artevelle.

Le souper était presque aussi nombreux et aussi splendide que celui par lequel cette chronique s'est ouverte à Westminster ; il y avait le même luxe de varlets, la même abondance de vaisselle d'argent ciselé et la même profusion de vins, d'hypocras et de cervoise;

seulement, les convives offraient un tout autre aspect; car, à l'exception du marquis de Juliers et de l'archevêque de Cologne, qui étaient assis au haut bout de la table, à la gauche et à la droite de d'Artevelle, du sire de Fauquemont et du Courtraisien, qui s'étaient placés en face, tous les autres étaient de simples bourgeois élus, ou des chefs de corporation; aussi s'étaient-ils alignés, sans autre distinction que celle de l'âge, autour de la table un peu plus basse qui faisait suite au service d'honneur. Quant à Walter, il avait sans façon poussé son voisin; de sorte qu'il avait trouvé place au rang des seigneurs, tandis que Gérard Denis commençait la série de ceux qui mangeaient à la table secondaire : il était donc placé presque en face de d'Artevelle, et, profitant de la précaution que celui-ci avait ménagée pour lui-même, il pouvait l'examiner à son aise.

Le brasseur était un homme de quarante-cinq à quarante-huit ans à peu près, de taille moyenne et commençant à prendre de l'embonpoint. Il portait les cheveux taillés carrément et la barbe et les moustaches comme avaient l'habitude de le faire les nobles, quoique sa figure eût l'apparence de la bonhomie, de temps en temps son regard jeté rapidement s'éclairait d'une lueur de finesse qui se perdait aussitôt dans l'expression générale de sa physionomie. Il était, du reste, vêtu aussi richement qu'il était permis à un homme de sa condition, et il portait une espèce de surcot de drap brun, garni de renard noir avec des ornements d'argent ; l'or, le vair, l'hermine, le petit-gris et le velours étant réservés aux seuls chevaliers.

Walter fut interrompu dans cet examen par son varlet, qui, se penchant à son oreille, lui dit quelques mots, et en même temps par l'évêque de Cologne, ui adressa la parole.

— Messire chevalier, dit l'évêque, car je ne crois pas me tromper en vous donnant ce titre.

Walter s'inclina.

— Me permettez-vous d'examiner de près le faucon que votre écuyer porte sur le poing? il paraît de noble race, quoique son espèce me semble inconnue.

— Avec d'autant plus de plaisir, monseigneur, répondit Walter, que vous m'offrez une occasion de vous présenter mes excuses à propos du nouveau convive que nous amène Robert. Ce n'est qu'après avoir cherché de tous côtés un perchoir, et n'ayant pu en trouver un, qu'il nous amène *la Prude,* et il me demandait à l'oreille si votre seigneurie ne permettrait pas qu'on lui donnât une place parmi ses oiseaux.

— Oui, oui, dit d'Artevelle en riant, nous autres bourgeois, nous n'avons ni meutes ni fauconnerie ; aussi trouverez-vous dans ma maison force magasins, force écuries ; mais de chenils et de perchoirs, point : en échange nous avons des halles assez vastes pour loger une armée, et je crois que les chiens et les faucons de monseigneur de Cologne ne se plaindront pas, en quittant la maison de Jacques d'Artevelle, de l'hospitalité qu'ils y auront reçue, car le pauvre brasseur a tout fait pour rendre, autant que possible, sa maison digne de la visite qu'elle avait l'honneur de recevoir.

— Aussi vous promettons-nous, mon cher Jacquemart, répondit le marquis de Juliers, de nous souvenir, maîtres, valets, chiens et faucons, non-seulement de l'accueil que nous avons reçu de vous personnellement, mais encore de celui que nous ont fait les députés des bonnes villes de Flandre, et des chefs des corporations de Gand, ajouta-t-il en se tournant vers le bas bout de la table et en saluant.

— Vous auriez eu tort de nous faire vos excuses, sire chevalier, reprit l'archevêque de Cologne après avoir examiné le faucon en connaisseur; cet oiseau est, j'en suis certain, de race plus ancienne et plus pure que beaucoup de nobles Français, surtout depuis que Philippe III s'est avisé de vendre des lettres d'anoblissement à Raoul l'orfèvre, qui avait, à ce qu'il paraît, ses aïeux en lingots, et qui les a fait monnayer; seulement, tout en reconnaissant qu'il est de race, il me serait impossible d'indiquer, malgré ma science en vénerie, le pays d'où il a été tiré.

— Quoique moins savant que vous en pareille matière, Monseigneur, interrompit d'Artevelle, j'oserais répondre qu'il vient d'Orient : j'en ai vu de pareils, ce me semble, quoiqu'ils y fussent fort rares, dans les îles de Rhodes et de Chypre, lorsque j'y accompagnais monseigneur le comte de Valois.

— Et vous ne vous tromperiez pas, maître, dit Walter : il vient originairement de la terre de Nubie, située, dit-on, au midi de l'endroit où Moïse a traversé la mer Rouge. Son père et sa mère avaient été pris parmi les bagages de Muley-Muhamed, souverain de Grenade, par Alphonse XI de Castille, et donnés par le roi au chevalier Lockheart, qui avait accompagné Jacques de Douglas dans le voyage qu'il avait entrepris pour porter au Saint-Sépulcre le cœur du roi Robert Bruce. A son retour, le chevalier Lockheart avait été pris dans une escarmouche entre les Anglais et les Écossais par le comte de Lancastre *au cou tors,* une des conditions de la rançon du chevalier fut qu'il lui donnerait un faucon de la race qu'il avait rapportée d'Espagne. Le comte de Lancastre, maître de ce précieux animal, en fit don à son tour à la belle Alix de Granfton, qui me l'a confié pour me distraire dans mon voyage. Vous voyez que sa généalogie est en règle, des plus nobles et des mieux établies.

— Vous me rappelez, dit le Courtraisien, que j'ai vu Jacques de Douglas à son passage à l'Écluse : il cherchait une occasion de passer en Terre-Sainte, et c'est moi qui lui donnai le conseil de se rendre en Espagne. C'était il y a sept ou huit ans, je crois.

— On dit, continua le sire de Fauquemont, que le roi Robert Bruce le chargea de cette commission, le tenant pour le plus brave et le plus loyal chevalier de son royaume.

— Oui, oui, répondit le Courtraisien, il m'a souvent raconté comment la chose s'était passée; car cela lui faisait honneur et j'y prenais plaisir comme à son noble récit de chevalerie. Il paraît que dans le temps où le roi Robert était exilé, il fit serment, s'il reconquérait son royaume, d'accomplir le voyage du Saint-Sépulcre; mais les guerres éternelles qu'il eut à soutenir contre les rois d'Angleterre ne lui permirent pas de quitter l'Écosse; de sorte qu'au lit de mort il se souvint du vœu qu'il avait fait, et que cela tourmentait durement son agonie de n'avoir pu l'acquitter. Alors il fit venir près de son lit le gentil chevalier, messire Jacques de Douglas. devant tous les autres, et lui dit : « Monseigneur Jacques, cher ami, vous savez que j'ai eu beaucoup à faire et à souffrir dans le temps que j'ai vécu pour soutenir mes droits à ce royaume, et quand j'eus le plus à faire, je vouai que, si jamais je voyais ma guerre achevée, et que si je pouvais gouverner en paix, j'irais aussitôt aider à guerroyer les ennemis de Notre-Seigneur et ceux qui sont contraires à la foi chrétienne. Mon cœur a toujours tendu vers ce point;

mais Notre-Seigneur n'a point voulu y consentir, et il m'a donné tant à faire en mon temps, et à cette heure je suis si gravement entrepris, qu'il me convient de mourir comme vous le voyez et comme je le sens. Donc, puisqu'il est ainsi, que mon corps n'y peut aller ni achever ce que mon cœur a tant désiré, j'y veux envoyer mon cœur au lieu de mon corps, pour acquitter mon vœu autant qu'il m'est possible ; et comme je ne sais en mon royaume aucun chevalier plus preux que vous, ni mieux taillé pour accomplir mon vœu au lieu de moi, je vous prie, très cher ami, autant comme je le puis, que vous vouliez entreprendre ce voyage pour l'amour que vous me portez, et acquitter mon âme envers Notre-Seigneur ; car je compte tant sur vous, sur votre noblesse et sur votre loyauté, que, si vous entreprenez cette chose, vous ne manquerez aucunement de l'accomplir, et ainsi je mourrai plus aise, plus léger et plus tranquille ; mais si vous le faites, comme j'y compte, faites-le ainsi que je vais vous dire. Je veux, aussitôt que je serai trépassé, que vous ouvriez ma poitrine avec votre brave épée, que vous en tiriez le cœur de mon corps, le fassiez embaumer et le mettiez dans une boîte d'argent, que j'ai fait préparer à cet effet ;

puis vous prendrez autant de mon trésor qu'il vous en faudra, afin que vous en ayez pour parfournir à tout le voyage de vous et de tous ceux que vous voudrez mener avec vous ; et faites si grandement, et pourvoyez-vous si abondamment d'argent, de compagnie et de suite, que partout où vous passerez on sache que vous emportez outre-mer le cœur du roi Robert d'Écosse, et cela par son commandement, parce que le corps n'y pouvait aller.

— Gentil et noble Sire, répondit Jacques de Douglas, cent mille merci du grand honneur que vous m'accordez en me chargeant d'un si noble trésor; je le ferai volontiers et de cœur content : seulement, je ne me sens ni digne ni suffisant pour cette chose.

— Ah! gentil ami, reprit le roi, grand merci de la promesse que vous me faites. Or, je vais mourir plus en paix, maintenant que je sais que le plus loyal, le plus preux et le plus suffisant de mon royaume achèvera pour moi ce que je ne puis achever. » Et alors, passant ses deux bras au cou de Jacques de Douglas, il l'embrassa et mourut.

Le jour même et ainsi qu'il lui avait été recommandé, Jacques de Douglas ouvrit la poitrine de son maître avec son épée, et en tirant son cœur royal, il le mit dans une boîte d'argent, sur laquelle était gravé un lion, qui est le blason du royaume d'Écosse ; puis, suspendant cette boîte à son cou, il partit avec une grande suite du port de Montrose, et aborda à l'Écluse, où je le vis, où je le connus et où il me raconta de sa bouche ce que je viens de vous dire.

— Et mena-t-il l'entreprise à bonne fin ? dit Gérard Denis, hasardant un mot dans cette noble conversation.

— Non, répondit le marquis de Juliers, j'ai entendu dire qu'il avait péri en Espagne.

— Et sa mort fut digne de sa vie, dit Walter, prenant à son tour la parole. Quoique je sois Anglais et qu'il fût Écossais, je lui rends justice, car c'était un noble et puissant chevalier. Je me rappelle une certaine nuit, c'était pendant la guerre de 1527, où messire Jacques de Douglas, avec deux cents armures de fer environ, pénétra dans notre camp pendant que tout y dormait, et frappa tant et si bien son cheval des éperons, et nos soldats de son épée, qu'il parvint jusqu'à la tente du jeune roi Édouard III, en criant : Douglas! Douglas! Le roi Édouard entendit heureusement ce cri de guerre, et n'eut que le temps de se glisser sous la toile de sa tente, car déjà l'épée de Douglas en taillait les cordes pour la jeter bas. Il nous tua bien trois cents hommes dans cette nuit, et cependant il se retira, lui, sans perdre un seul de ses compagnons. Depuis, nous fîmes grand guet chaque nuit, car nous avions toujours peur des mauvais rêves de Douglas.

— Et connaissez-vous les détails de sa mort? demanda le marquis de Juliers.

— Oui, jusqu'au dernier, car mon

maître en chevalerie me les répéta souvent. Donc, pour son malheur, il fit ce que vous lui aviez conseillé, seigneur chevalier, continua Walter, se tournant vers le Courtraisien, et arriva en Espagne ; c'était au moment où le roi Alphonse d'Aragon guerroyait contre le roi de Grenade, qui était Sarrasin ; et le roi d'Espagne demanda au noble pèlerin si, en l'honneur du Christ et de la Vierge Marie, il ne romprait pas une lance avec les infidèles ?

— Si, ferai-je volontiers, répondit Douglas, et cela le plus tôt possible !

Le lendemain le roi Alphonse sortit

aux champs pour approcher ses ennemis ; le roi de Grenade en fit autant, et chacun rangea ses batailles. Quant à Douglas-le-Noir, il se mit sur une des ailes avec ses chevaliers et ses écuyers écossais, afin de mieux faire sa besogne et de mieux montrer son effort. Aussitôt qu'il vit les soldats rangés de part et d'autre, et qu'il s'aperçut que les batailles du roi d'Espagne commençaient à s'émouvoir, il voulut être des premiers et non des derniers, piqua des éperons et toute sa compagnie avec lui, criant : Douglas ! Douglas ! jusqu'aux batailles du roi de Grenade ; et là, croyant être suivi par les Espagnols, il détacha de son cou la boîte qui renfermait le cœur de Robert et la jeta au milieu des Sarrasins en criant : « Marche en avant, noble cœur royal, comme tu faisais pendant ta vie, et Douglas va te suivre. » Alors lui et ses chevaliers entrèrent si profondément dans les rangs des Sarrasins, qu'ils y disparurent comme le fer dans une blessure ; et là ils firent des merveilles d'armes ; mais ils ne purent durer, les Espagnols, c'est honte de le dire, ne les ayant rescous ni lui ni les siens. Le lendemain on le retrouva mort, serrant sur sa poitrine la boîte d'argent où était le cœur du roi, et autour de lui étaient tous ses compagnons morts ou blessés ; trois ou quatre seulement survécurent, et l'un d'eux, le chevalier Lockheart, rapporta la boîte d'argent et le cœur, qui furent enterrés en grande pompe à l'abbaye de Melrose. C'est depuis ce temps que les Douglas, qui s'armaient d'un écu d'azur à un chef d'argent et de trois étoiles de gueules en argent, ont substitué à ces armes un cœur sanglant surmonté d'une couronne, et que le chevalier Lockhart a changé son nom en celui de Lockheart, qui, en langue gallique, veut dire cœur fermé. Oh! continua Walter s'exaltant : oui! oui! l'on peut dire que c'était un brave et preux chevalier; que c'était un noble et riche capitaine de guerre que celui qui, ayant livré soixante-dix batailles, en avait gagné cinquante-sept; et nul ne le regretta davantage que le roi Édouard, quoiqu'il eût plus d'une fois renvoyé ses archers après leur avoir fait crever l'œil droit et couper l'index, afin qu'ils ne pussent plus bander leurs arcs ni guider leurs flèches.

— Oui, oui, dit l'évêque de Cologne, le jeune léopard aurait voulu rencontrer le vieux lion, afin de savoir lequel avait meilleures dents et plus fortes griffes.

— Vous l'avez deviné, monseigneur, répondit le jeune chevalier; voilà ce qu'il espérait tant que Douglas-le-Noir était vivant, et voilà ce qu'il n'espère plus depuis que Douglas-le-Noir est mort.

— A la mémoire de Douglas-le-Noir ! glissa Gérard Denis, remplissant la coupe de Walter de vin du Rhône.

— Et à la santé d'Édouard III d'Angleterre ! ajouta d'Artevelle en jetant un regard d'intelligence au jeune chevalier et en se levant.

— Oui, continua le marquis de Juliers, et puisse-t-il s'apercevoir enfin que Philippe de Valois siége sur un trône qui est à lui, dort dans un palais qui est à lui, et règne sur un peuple qui est à lui!

— Oh! c'est chose déjà faite, messeigneurs, je vous le jure, répondit Walter; et s'il croyait trouver de bons alliés...

— Sur mon âme! ils ne lui manqueront pas, dit le sire de Fauquemont; et voici mon voisin le Courtraisien, qui est encore plus Flamand que Français, qui ne demandera pas mieux que d'appuyer ce que j'avance pour lui et pour moi, j'en suis sûr.

— Certes! s'écria Zegher, je suis Flamand de nom, Flamand de cœur, et au premier mot...

— Oui, dit d'Artevelle, au premier mot; mais qui le dira ce premier mot? Sera-ce vous, messeigneurs de Cologne, de Fauquemont ou de Juliers, qui relevez de l'empire, et qui ne pouvez faire la guerre sans le congé de l'empereur? Sera-ce Louis de Cressy, notre prétendu Seigneur, qui est au Louvre de Paris avec sa femme et son enfant, en la cour de son cousin? Sera-ce l'assemblée des bonnes villes, qui encourt une amende de deux millions de florins et l'excommunication de notre saint père le pape si elle commence les hostilités contre Philippe de Valois? C'est une dure besogne à entreprendre, et une plus dure encore à soutenir, croyez-moi, qu'une guerre avec nos voisins de France. Le tisserand Pierre Leroy, le prisonnier Hannequin *, et votre père lui-même, messeigneurs de Cologne et de Juliers, en ont su quelque chose. Si cette guerre vient, eh bien! nous la soutiendrons avec l'aide de Dieu. Mais, croyez-moi, si elle tarde, n'allons pas au-devant d'elle. Ainsi contentons-nous de cette

* Nom familier qu'on donnait à Zannec.

santé, elle est belle : **A la mémoire de Douglas mort, à la prospérité d'Édouard vivant !**

A ces mots il vida son verre, et tous les convives, qui s'étaient levés, lui firent raison et se rassirent.

— La généaologie de votre faucon nous a entraînés plus loin que nous ne voulions aller, messire chevalier, continua l'évêque de Cologne après un moment de silence ; mais elle nous a appris que vous veniez d'Angleterre : quelles nouvelles à Londres ?

—Mais on y parle beaucoup de la croisade que veut entreprendre Philippe de Valois contre les infidèles, à l'exhortation du pape Benoît XII ; et l'on dit (vous devez savoir cela mieux que nous, messeigneurs, car vos communications sont plus faciles avec la France qu'elles ne le sont pour nous autres, qui gisons par-delà la mer) que le roi Jean de Bohême, le roi de Navarre* et le roi Pierre d'Aragon** ont pris la croix avec lui.

— C'est la vérité, répondit l'évêque de Cologne ; mais, je ne sais pourquoi, je n'ai pas grande confiance en cette en-

---

* Philippe, comte d'Évreux, dit *le Bon* et *le Sage*.
** Pierre IV, dit *le Cérémonieux*.

treprise, quoiqu'elle soit prêchée par quatre cardinaux, le cardinal de Naples*, le cardinal de Périgord** le cardinal Albano *** et le cardinal d'Ostie ****.

— Mais enfin, sait-on ce qui la retarde? reprit Walter.

— Une querelle entre le roi d'Aragon et le roi de Majorque, et dans laquelle Philippe de Valois s'est constitué arbitre.

---

* Annibal Ceccano, archevêque de Naples, créé cardinal par Jean XXII.

** Talleyrand de Périgord, évêque d'Auxerre, créé cardinal par le même pape en 1321.

*** Gaucelin d'Eusa, neveu de Jean XXII, créé cardinal par lui en 1316.

**** Bertrand Poyet évêque d'Ostie, créé cardinal la même année par le même pape.

— Et cette querelle a-t-elle une cause sérieuse ?

— Oh ! des plus sérieuses, répondit gravement l'évêque de Cologne : Pierre IV avait reçu hommage de Jayme II pour son royaume de Majorque et était allé rendre hommage du sien au pape d'Avignon ; mais, malheureusement, pendant la cérémonie de l'entrée solennelle de ce prince dans la ville pontificale, l'écuyer du roi don Jayme donna un coup de fouet sur la croupe du cheval du roi d'Aragon; celui-ci mit l'épée à la main et poursuivit l'écuyer, qui se sauva à grand'peine : de là la guerre. Vous voyez que ce n'est pas à tort qu'on l'a surnommé *le Cérémonieux*.

— Puis, il faut tout dire, ajouta d'Artevelle, au milieu des embarras suscités par ce prince, le roi David, d'Écosse, et la reine sa femme sont arrivés à Paris, vu qu'Edouard III et Bailliol leur ont laissé en Écosse un si petit royaume, qu'ils n'ont pas cru que cela valait la peine d'y rester pour quatre forteresses et une tour qu'ils y possèdent encore. Il est vrai que si le roi Philippe de Valois envoyait en Écosse, au secours d'Alan Vipont ou d'Agnès-la-Noire, seulement le dixième de l'armée qu'il compte emmener en Terre-Sainte, cela pourrait diablement changer les affaires de ce côté.

— Oh! je crois, repartit Walter avec négligence, qu'Édouard s'inquiète peu d'Alan Vipont et de son château de Lochleven, non plus que d'Agnès-la-Noire, toute fille de Thomas Randolph qu'elle est. Depuis le dernier voyage qu'il a fait en Écosse les choses sont bien changées; ne pouvant plus rencontrer Jacques Douglas, il s'en est vengé sur Archipald : le loup a payé pour le lion. Tous les comtés méridionaux lui appartiennent ; les gouverneurs et les shérifs des principales villes sont à lui : Édouard Bailliol lui a fait hommage pour l'Écosse, et si on le forçait d'y retourner, il prouverait à Alan Vipont que ses digues sont plus solides que celles de sir John Sterling*; à la comtesse de March, que les boulets qu'envoient les machines contre les remparts font mieux que de la poussière**; et si William

---

* Sir John Sterling, assiégeant le château de Lochleven, qui est situé sur une île au milieu d'un lac, fit faire une digue à l'endroit de l'écoulement, espérant que les eaux monteraient et couvriraient l'île. En effet, le pied du château était déjà submergé lorsque Alan Vipont sortit une nuit et rompit l'écluse. L'eau, se précipitant alors avec violence, emporta une partie du camp de Sterling.

** Pendant le siège de son château par le comte de Salisbury, Agnès-la-Noire se promenait sur les remparts, époussetant avec son mouchoir les endroits où venaient frapper les pierres envoyées par les machines.

Spons est encore à son service, le roi aura soin de se couvrir de son armure d'assez bonne trempe pour que les gages d'amour d'Agnès-la-Noire ne pénètrent pas jusqu'à son cœur*.

On en était là de la conversation lorsqu'elle fut interrompue par le bruit de la pendule qui sonnait neuf heures. Comme ce meuble était d'invention toute nouvelle, il attira l'attention des seigneurs, et d'Artevelle lui-même, soit qu'il n'eût

---

* Un jour que Salisbury faisait une reconnaissance autour du château de Dumbar, une flèche, lancée par un archer écossais nommé William Spons, traversa la poitrine d'un chevalier qui se trouvait près de lui, quoiqu'il portât une triple cotte de maille sur une jaquette de cuir. « C'est un gage d'amour de la comtesse, dit froidement Salisbury en regardant tomber le chevalier; les traits d'Agnès-la-Noire pénètrent toujours jusqu'au cœur »

plus rien à faire servir, soit qu'il désirât donner le signal de la retraite, se leva, et s'adressant à Walter :

— Sire chevalier, lui dit-il, je vois que vous êtes désireux, comme messeigneurs de Cologne et de Juliers, d'examiner le mécanisme de cette horloge. Approchez-vous donc, car c'est chose curieuse, je vous jure. Elle était destinée au roi Édouard d'Angleterre ; mais j'en ai fait offrir un si bon prix au mécanicien qui l'a faite, qu'il m'a donné la préférence.

— Et comment s'appelle ce traître qui exporte les marchandises anglaises malgré la défense de son roi ? dit Walter en riant.

— Richard de Valingfort; c'est un digne bénédictin, abbé de Saint-Alban, qui avait appris la mécanique dans la forge de son père, et qui a passé dix ans de sa vie sur ce chef-d'œuvre. Regardez : elle marque le cours des astres et comment le soleil fait, en vingt-quatre heures, le tour de la terre ; on y voit le mouvement du flux et du reflux de la mer. Quant à la manière dont elle sonne, ce sont, vous le voyez, des boules de bronze qui tombent sur un timbre du même métal, en nombre égal à celui des heures qu'elles doivent marquer, et à chaque heure nouvelle un cavalier sort de son château et vient monter la garde sur le pont-levis.

Après qu'on eut examiné à loisir cette merveille, chacun prit congé, et Walter, qui était resté le dernier, allait se retirer comme les autres, lorsque Jacquemart lui posa la main sur l'épaule.

— Si je ne me trompe, seigneur chevalier, lui dit-il, lorsque nous vous avons rencontré à la porte de notre maison, en compagnie de Gérard Denis, vous ne faisiez que d'arriver dans la bonne ville de Gand?

— A l'instant même, répondit Walter.

— Je m'en suis douté; aussi me suis-je occupé de votre hôtellerie.

— J'avais chargé Robert de ce soin.

— Robert était fatigué : Robert avait faim et soif; Robert n'aurait pas pris le temps de vous trouver un logement digne de vous; je l'ai envoyé dîner avec les serviteurs de nos autres convives, et je me suis réservé le soin de vous conduire à votre appartement et de vous en faire les honneurs.

— Mais un nouvel hôte, au moment où vous avez déjà si nombreuse compagnie, non seulement ne peut manquer de vous causer un dérangement considérable, mais encore donnera de l'importance de l'arrivant une idée fort exagérée.

— Quant au dérangement, vous pouvez être sans inquiétude; l'appartement que vous habiterez est celui de mon fils Philippe, qui, n'ayant pas encore dix ans, ne sera pas fort dérangé par votre prise de possession; il communique avec le mien par un couloir, ce qui fait que vous pourrez venir chez moi ou moi aller chez vous sans que personne en sache rien; en outre, il a une entrée sur la rue, par laquelle vous recevrez qui bon vous semblera. Quant à votre importance, elle sera mesurée à votre volonté et non à votre condition, et pour moi, comme pour tout le monde, vous ne serez que ce que vous voudrez paraître.

— Eh bien! dit Walter prenant son parti avec la promptitude qu'il avait coutume d'apporter dans ses décisions, j'accepte avec plaisir l'hospitalité que vous m'offrez, et j'espère vous la rendre un jour à Londres.

— Oh! répondit d'Arteville d'un air de doute, je ne crois pas que jamais mes affaires me permettent de passer la mer.

— Même pour aller conclure un grand achat de laine ?

— Vous savez bien, messire, que l'exportation de cete marchandise est interdite.

— Oui, dit Walter; mais celui qui a donné l'ordre peut le révoquer.

—Ce sont là des choses de trop grande importance, répondit d'Artevelle en posant un doigt sur sa bouche, pour en parler debout près d'une porte, et surtout quand cette porte est ouverte ; on ne traite à fond de pareilles affaires que l'huis-clos, et assis tête-à-tête de chaque côté d'une table sur laquelle est un bon flacon de vin épicé pour soutenir la conversation, et nous pouvons trouver tout cela chez vous, messire Walter, si vous voulez y monter.

A ces mots, il fit un signe à un valet qui, prenant aussitôt à l'angle de la salle une torche de cire, marcha devant eux en les éclairant. Arrivés à la porte de l'appartement, il l'ouvrit et se retira : Walter et d'Artevelle entrèrent, et ce dernier ferma la porte derrière eux.

VI

VI

Walter trouva en effet préparé d'avance tout ce que Jacquemart avait jugé être le corollaire indispensable d'une conversation diplomatique : une table était au milieu de la chambre; de chaque côté de cette table deux grands fauteuils vides attendaient les discuteurs, et sur cette table un énorme hanap d'argent promettait au premier coup-d'œil de suffire à humecter largement la discussion, si longue, si importante, si échauffée, qu'elle dût être.

— Messire Walter, dit d'Artevelle demeurant près de la porte, avez-vous l'habitude de remettre au lendemain les choses importantes que vous pouvez traiter tout de suite ?

— Maître Jacquemart, répondit le jeune homme s'appuyant sur le dossier du fauteuil et croisant l'une de ses jambes sur l'autre, faites-vous vos affaires avant ou après souper, la nuit ou le jour?

— Mais quand elles sont importantes, dit d'Artevelle en s'approchant de la table, je n'ai pas d'heure.

— C'est comme moi, répondit Walter s'asseyant : mettez-vous donc là et causons. D'Artevelle s'empara de l'autre fauteuil avec une vivacité qui indiquait le plaisir qu'il éprouvait à se conformer à cette invitation.

— Maître Jacquemart, continua Walter, vous avez parlé pendant le souper de la difficulté d'une guerre entre la Flandre et la France.

—Messire Walter, dit d'Artevelle, vous avez dit quelques mots après le souper sur la facilité d'un traité de commerce entre la Flandre et l'Angleterre.

— Le traité présente de grandes difficultés; cependant il est faisable.

— La guerre a des chances dangereuses; cependant avec de la prudence on peut tout risquer.

—Allons, je vois que nous nous entendrons ; maintenant marchons au but et ne perdons pas de temps.

— Mais avant que je réponde à aucune

question, il est important que je sache qui me les fait.

— L'envoyé du roi d'Angleterre, et voilà ses pleins pouvoirs, dit Walter tirant un parchemin de sa poitrine.

— Et auprès de qui est accrédité cet ambassadeur ?

— Près de celui qui est souverain maître des affaires de Flandre.

— Alors ces lettres de créance viennent directement ?...

— Du roi Édouard, comme l'atteste son cachet et comme le prouvera sa signature.

— Ainsi monseigneur le roi d'Angleterre n'a point dédaigné d'écrire au pauvre brasseur Jacquemart! dit celui-ci avec un sentiment de vanité mal déguisée sous l'apparence du doute. Je suis curieux de savoir quel titre il lui a donné : celui de *frère* appartient aux rois, celui de *cousin* aux pairs, et celui de *messire* aux chevaliers; je ne suis ni roi, ni pair, ni chevalier.

— Aussi en a-t-il choisi un moins emphatique, mais aussi plus amical que tous ceux que vous venez de citer : voyez.

D'Artevelle prit la lettre des mains de Walter, et, quoiqu'il eût grande envie intérieurement de savoir dans quels termes lui écrivait un roi aussi puissant qu'Édouard, il parut n'attacher qu'un intérêt secondaire à la formule de l'adresse en s'occupant d'autre chose auparavant.

— Oui, oui, dit-il jouant avec le sceau royal, voilà bien les trois léopards d'Angleterre : un pour chaque royaume ; et c'est assez pour le défendre, ou, ajouta-t-il en riant, pour le dévorer. C'est un noble et grand roi que monseigneur Édouard, et sévère justicier dans son royaume. Voyons ce qu'il nous fait l'honneur de nous dire : « Édouard III d'Angleterre, duc de Guienne, pair de France, à son *compère* Jacques d'Artevelle, député de la ville de Gand et représentant le duc de Flandre.

« Sachez que nous accréditons près de vous le chevalier Walter, nous engageant à reconnaître pour bon et valable tout traité de guerre, d'alliance ou de commerce, qu'il signera avec vous. Édouard. » C'est bien, comme vous l'avez dit, son sceau et sa signature.

— Alors vous reconnaissez que je suis son représentant ?

— Plein et entier, c'est incontestable.

— Eh bien, parlons franc; vous voulez la liberté de commerce avec l'Angleterre ?

— Il entre dans vos projets de faire la guerre à la France ?

— Vous voyez que nous avons besoin l'un de l'autre, et que les intérêts d'Édouard et de Jacques d'Artevelle, quoique bien différents en apparence, se touchent en réalité. Ouvrez vos ports à nos soldats, nous ouvrirons les nôtres à vos marchands.

— Vous allez vite en besogne, mon jeune ami, dit Jacquemart en souriant :

lorsqu'on entreprend une guerre ou une spéculation, c'est dans le but qu'elle réussisse, n'est-ce pas? eh bien, le moyen de réussir en toutes choses est d'y penser longuement, et, lorsqu'on y a pensé longuement, de ne commencer à l'entreprendre qu'avec trois chances de réussite.

— Nous en aurons mille.

— Voilà une réponse qui ne répond à rien. Prenez garde de vous tromper aux armes de France : vous les prenez pour des fleurs de lys, et ce sont des fers de lance. Croyez-moi, si vos léopards tentent seuls l'entreprise, ils y useront leurs griffes et leurs dents, sans faire rien qui vaille.

— Aussi Édouard ne commencera-t-il la guerre que sûr de l'appui du duc de Brabant, des seigneurs de l'empire et des bonnes villes de Flandre.

— Voilà justement où est la difficulté. Le duc de Brabant est d'un caractère trop irrésolu pour prendre parti, sans fortes raisons, entre Édouard III et Philippe VI.

— Vous ignorez peut-être que le duc de Brabant est cousin-Germain du roi d'Angleterre.

— Non pas, non pas, je sais cela aussi

bien qu'homme du monde; mais je sais aussi qu'il est fortement question d'un mariage entre le fils du duc de Brabant et une fille de France; et la preuve, c'est que le jeune prince a rendu sa parole au comte de Hainaut, dont il devait épouser la fille Isabelle.

— Diable! fit Walter; mais il me semble, au moins, que cette irrésolution dont vous parlez n'a pas gagné les autres seigneurs de l'empire, et que le comte de Juliers, l'évêque de Cologne, le sire de Fauquemont et le Courtraisien ne demandent pas mieux que de se mettre en campagne.

— Oh! la chose est vraie, seulement les trois premiers relèvent de l'empire et ne peuvent faire la guerre sans le congé de l'empereur. Quant au quatrième, il est libre; mais ce n'est qu'un simple chevalier possédant fief de haubert ; c'est-à-dire qu'il aidera le roi Édouard de sa personne et de celle de ses deux varlets, voilà tout.

— Par Saint Georges, dit Walter, je puis au moins compter sur les bonnes gens de Flandre?

— Encore moins, seigneur chevalier, car nous sommes liés par serment, et nous ne pouvons faire la guerre au roi de France sans encourir une amende de 2,000,000 de florins et l'excommunication papale.

— Sur mon âme, s'écria Walter, vous m'avez dit qu'une guerre avec la France était dangereuse ; vous auriez dû dire, ce me semble, qu'elle était impossible.

— Rien n'est impossible dans ce monde pour qui se donne la peine de faire le tour des choses ; il n'y a pas d'irrésolution qu'on ne fixe, de traité qu'on ne puisse battre en brèche avec un bélier d'or, et de serment qui n'ait une porte de derrière dont l'intérêt est la sentinelle.

— Je vous écoute, dit Walter.

— D'abord, continua d'Artevelle sans paraître remarquer l'impatience du jeune chevalier, laissons de côté ceux qui, d'avance, sont pour le roi Philippe ou pour le roi Édouard, et que rien ne peut faire changer de parti.

— Le roi de Bohême ?

— Sa fille a épousé le dauphin Jean.

— L'évêque de Liége ?

— Philippe lui fera promettre le cardinalat.

— Les ducs d'Autriche Albert et Othon ?

— Étaient à vendre, mais ils sont achetés. Quant au roi de Navarre et au duc de Bretagne, ce sont les alliés naturels de Philippe. Voilà donc ceux qui sont pour la France ; passons à ceux qui seront pour l'Angleterre.

— D'abord Guillaume de Hainaut, beau-père du roi Édouard.

— Vous savez qu'il se meurt de la goutte.

— Son fils lui succédera, et je suis sûr de l'un comme de l'autre. Ensuite, Jean de Hainaut, qui est à cette heure à la cour d'Angleterre, et qui a déjà fait promesse au roi.

— S'il a promis, il tiendra.

— Renaud de Gueldres, qui a épousé la princesse Éléonore, sœur du roi.

— Très bien; après?

— C'est tout, dit Walter. Voilà nos amis et nos ennemis sûrs.

— Passons alors à ceux qui ne sont encore ni pour l'un ni pour l'autre.

— Ou qu'un grand intérêt peut faire passer de l'un à l'autre.

— C'est la même chose. Commençons par le duc de Brabant.

— Vous me l'avez peint comme un homme tellement irrésolu, qu'il serait difficile de lui faire adopter un parti.

— Oui : mais un défaut balance l'autre ; j'ai oublié de vous dire qu'il était plus avare encore qu'irrésolu.

— Édouard lui donnera 50,000 livres sterling, s'il le faut, et prendra à sa solde les hommes d'armes qu'il lui enverra.

— Voilà ce qui s'appelle parler. Je vous réponds du duc de Brabant.

— Maintenant passons au comte de

Juliers, à l'évêque de Cologne et au sire de Fauquemont.

— Ah! ce sont de braves seigneurs, dit d'Artevelle, riches et puissants, qui fourniraient chacun mille armures de fer s'ils en recevaient l'autorisation de Louis de Bavière, leur empereur.

— Mais il y a un traité, n'est-ce pas, entre le roi de France et lui?

— Oui, un traité formel et positif, par lequel le roi de France s'engage à ne rien acquérir sur les terres de l'empire.

— Mais attendez donc, s'écria Walter; il me semble...

— Quoi? dit Artevelle en riant.

— Que, contrairement à ce traité, le roi Philiope a acquis le château de Crèvecœur en Cambresis, et le château d'Arleux-en-Puelles; ces châteaux sont terres de l'empire et hauts fiefs relevant de l'empereur.

— Allons donc, dit Jacquemart comme s'il voulait pousser Walter en avant.

— Et ces achats sont suffisants pour motiver une guerre.

— Surtout lorsque le roi Édouard en supportera les dépenses et les dangers.

— Je chargerai demain le comte de Juliers d'aller trouver l'empereur.

— Et en vertu de quels pouvoirs ?

— J'ai des blancs-seings du roi Édouard.

— Bravo ! voilà deux de nos difficultés résolues.

— Reste la troisième.

— Et la plus scabreuse.

— Et vous dites que les bonnes villes de Flandre ont un traité par lequel, en cas d'hostilité de leur part contre Philippe de Valois...

— Non pas contre Philippe de Valois, contre le roi de France ; le texte est positif.

— Philippe de Valois ou le roi de France, n'importe.

— Il importe beaucoup, au contraire.

— Enfin, dans le cas d'hostilité contre le roi de France, les bonnes villes doivent payer 2,000,000 de florins et encourir l'excommunication du pape. Eh bien!

ces 2,000,000 de florins, Édouard les payera; quant à l'excommunication papale...

— Mais, mon Dieu, ce n'est pas tout cela, dit Jacquemart; les 2,000,000 de florins sont une bagatelle, et quant à l'interdit, nous en serions quittes pour faire lever par le pape de Rome l'excommunication du pape d'Avignon. Mais il y a quelque chose de plus sacré que tout cela pour des commerçants, c'est leur parole, leur parole, qui vaut de l'or d'un bout du monde à l'autre, et qui une fois faussée, ne se réhabilite jamais. Ah! jeune homme, cherchez bien, continua Jacquemart ; il y a des moyens pour tout, mon Dieu, il ne s'agit que de les découvrir : vous comprenez de quelle importance il est pour le roi Édouard de trouver derrière lui, en cas de revers, la Flandre avec ses forteresses et ses ports.

— Sur Dieu, dit Walter, c'est son avis aussi, et voilà pourquoi je suis venu en son nom pour m'entendre directement avec vous.

— Alors, si l'on trouvait moyen de concilier la parole de Flandre avec les intérêts de l'Angleterre, le roi Édouard serait disposé à faire quelques sacrifices.

— D'abord, le roi Édouard rendrait aux Flamands Lille, Douai et Béthune, qui sont trois portes que la France tient ouvertes et que la Flandre tiendrait fermées.

— Ceci est déjà bien.

— Le roi d'Angleterre raserait et brûlerait l'île de Cadsand, qui est un repaire de pirates flamands et français, et qui empêche le commerce des pelleteries avec le Danemarck et la Suède.

— L'île est forte.

— Gauthier de Mauny est brave.

— Ensuite ?

— Ensuite le roi Édouard lèverait la défense d'exportation qu'il a mise sur les laines du pays de Galles et sur les cuirs du comté d'York ; de sorte que le commerce se ferait librement entre les deux nations.

— Et une pareille union serait véritablement selon les intérêts de la Flandre, dit d'Artevelle.

— Et le premier envoi, qui se composerait de vingt mille sacs de laine, serait directement adressé à Jacques d'Artevelle, qui...

— Qui le distribuerait à l'instant aux manufacturiers, attendu qu'il est brasseur et non marchand de drap.

— Mais qui accepterait bien une commission de cinq esterlings par sac?

— Ceci est justice, et selon les règles du commerce, répondit Jacquemart; le tout est maintenant de trouver moyen de faire cette guerre sans manquer à notre parole : y êtes-vous?

— Point, répondit Walter; et je crois que je chercherais vainement, étant peu expert en pareille matière.

— Il me vient une idée, reprit d'Artevelle en regardant fixement Walter et en dissimulant mal un sourire de supériorité. A quel titre Édouard III veut-il faire la guerre à Philippe de Valois ?

— Mais à titre de véritable héritier du royaume de France, auquel il a des droits par sa mère Isabelle, sœur de Charles IV, puisqu'il est neveu du roi mort et que Philippe n'en est que le cousin germain.

— Eh bien ! dit d'Artevelle, qu'Édouard

encharge les lys, les écartelle des léopards d'Angleterre, et prenne le titre de roi de France.

— Alors?

— Alors... nous lui obéirons comme au roi de France, et vu que nos obligations sont envers le roi de France, et non pas, comme je vous le disais, envers Philippe de Valois, nous demanderons à Édouard quittance de notre foi, et Édouard nous la donnera comme roi de France.

— C'est vrai dit Walter.

— Et nous n'aurons pas manqué à notre promesse.

— Et vous nous aiderez dans la guerre contre Philippe de Valois ?

— De tout notre pouvoir.

— Vous nous aiderez de vos soldats, de vos villes et de vos ports ?

— Sans aucun doute.

— Sur mon âme, vous êtes un habile casuiste, maître d'Artevelle.

— Et c'est en cette qualité que je vous ferai une dernière observation.

— Laquelle ?

— C'est que le roi Édouard a fait hommage au roi de France, comme à son seigneur suzerain, pour le duché de Guienne.

— Oui, mais cet hommage est nul, s'écria Walter.

— Et comment cela ? dit d'Artevelle.

— Parce que, s'écria Walter oubliant son rôle, parce que je l'ai fait de bouche et de paroles seulement, mais sans mettre mes mains entre les mains du roi de France.

— En ce cas, sire, dit d'Artevelle en se

levant et se découvrant, en ce cas, vous êtes libre!

— Allons, tu es plus fin que moi, compère, dit Édouard en tendant la main à d'Artevelle.

— Et je prouverai à votre Altesse, répondit Jacquemart en s'inclinant, que les exemples de confiance et de loyauté qu'on me donne ne sont pas perdus.

FIN DU PREMIER VOLUME.

OUVRAGES DE FONDS.

La Princesse des Ursins, par A. DE LAVERGNE.	2 v. in-8
Un Gentilhomme d'aujourd'hui, par LE MÊME.	3 v. in-8
Le dernier Seigneur de village, et Le Secret de la Confession, par LE MÊME.	2 v. in-8
L'Ouvrier Gentilhomme, par MAX. PERRIN.	2 v. in-8
La Grisette parvenue, par LE MÊME.	2 v. in-8
La Fille à Jean Remy, par LE MÊME.	2 v. in-8
Lieutenant et Comedien, par E. M. SAINT-HILAIRE.	2 v. in-8
Piquillo Alliaga, par E. SCRIBE.	11 v. in-8
Les deux Marguerite, par Mme CH. REYBAUD.	2 v. in-8
Manoir et Châlet, par BONNELLIER.	2 v. in-8
Fauvella, par LE MÊME.	2 v. in-8
Une sombre histoire, par MORTONVAL.	2 v. in-8
Cric-Crac, par ÉDOUARD CORBIÈRE.	2 v. in-8
Vrais mystères de Paris, par VIDOCQ.	7 v. in-8
Une femme compromise, par MOLÉ-GENTILHOMME.	2 v. in-8
Mademoiselle Zacharie, par DENOIRESTERRE.	2 v. in-8
Mystères du Cloître, par VILLENEUVE.	2 v. in-8
La famille Pitou, par GAUTEREAU.	2 v. in-8
Une prédiction, par LE MÊME.	1 v. in-8
Souvenirs du maréchal Bugeaud.	2 v. in-8
Le bord de l'eau, par ALPHONSE BROT.	2 v. in-8
Les Flavy, par Madame DE BAWR.	2 v. in-8
Ce Monsieur, par PAUL DE KOCK.	6 v. in-12
L'amoureux transi, par LE MÊME.	8 v. in-12

Sceaux. — Imprimerie de E. Depée.

www.ingramcontent.com/pod-product-compliance
Lightning Source LLC
Chambersburg PA
CBHW060400170426
43199CB00013B/1936